KB036759

군주론

군주론

초판 1쇄 인쇄일 | 2019년 1월 10일   초판 1쇄 발행일 | 2019년 1월 15일

지은이 | 니콜로 마키아벨리
옮긴이 | 서종민
펴낸이 | 강창용
책임기획 | 이윤희
책임편집 | 이세경
디자인 | 김동광
책임영업 | 최대현

펴낸곳 | 느낌이있는책
출판등록 | 1998년 5월 16일 제10-1588
주 소 | 경기도 고양시 일산동구 중앙로 1233 현대타운빌 1210호
전 화 | (代)031-932-7474
팩 스 | 031-932-5962
이메일 | feelbooks@naver.com
포스트 | http://post.naver.com/feelbooksplus
페이스북 | http://www.facebook.com/feelbooksss

ISBN   979-11-6195-077-8 (03100)

이 도서의 국립중앙도서관 출판예정도서목록(CIP)은 서지정보유통지원
시스템 홈페이지(http://seoji.nl.go.kr)와 국가자료종합목록시스템(http://
www.nl.go.kr/kolisnet)에서 이용하실 수 있습니다.
(CIP제어번호 : CIP2018037726)

군주론

니콜로 마키아벨리 지음
서종민 옮김

느낌있는책

머리말

저는

이 책을 치장하지도 않았고,

많은 작가가 사용하는 긴 문장들이나 젠체하고 가식적인 단어들,

무관한 미사여구나 기교 따위로 내용을 부풀리지도 않았습니다.

또 주제가 되는 내용의 다양성과 진지함만으로

읽는 분을 만족시키기를 바랐습니다.

마키아벨리는 《군주론》을 쓴 이유를 이렇게 밝혔다. 역
자는 이 말을 번역의 지침으로 삼아 쓸데없는 고어나 예스
러운 말들을 가능한 한 덜어내고 원문의 본질적인 의미를
파악한 뒤 오늘날의 말로 전달하고자 했다.

쉬운 일은 아니었다.

첫째는, 그가 말하는 '군주'의 정확한 의미가 오늘날의 이
탈리아어나 번역된 영어로는 쉽게 파악되지 않는다는 것이

다. 하지만 마키아벨리가 말한 군주가 세습으로 권력을 얻게 되는 '왕의 아들'을 의미하지 않는다는 것은 분명하다. 그에게 군주는 말 그대로 권력자, 즉 국가를 지배하는 정치적 지배자를 의미한다. 따라서 우리는 허울뿐인, 이름뿐인 1인자가 아닌 실제로 권력을 가진 통치자로서의 1인자를 바랐던, 그런 군주를 보위해 자신의 뜻을 펼치고자 했던 마키아벨리의 바람이 '군주'라는 명칭에 담겨 있음을 이해해야 한다.

둘째는, 마키아벨리가 이야기하는 자질과 상황을 묘사하기 위해서 오늘날 어떤 단어를 사용해야 하는지를 끊임없이 되묻게 된다는 것이다. 공성기攻城器나 기마병騎馬兵처럼 오늘날 더 이상 화두가 되지 않아 부연설명을 해야 하는 경우가 허다하다. 심지어 현대어에는 그 의미를 전달할 수 있는 단어가 없는 경우도 있다. 특히 잔인함 따위의 품성에 대해서는 정확하고 딱 떨어지는 명사를 찾기가 어려운 것이 사

실이다. 하지만 마키아벨리가 위기상황에서 각기 다른 인격들이 벌이는 상호작용에 지대한 관심을 가졌다는 것만은 확실하게 전달된다. 따라서 명사를 사용해서 의미가 모호해지기보다는 풀어 쓰더라도 본래 의미에 좀 더 다가가기로 했다.

셋째는, 마키아벨리가 까다로운 문법과 지극히 유동적인 구문들을 사용했다는 것이다. 때문에 어휘 선택의 까다로움은 한층 더 깊어진다. 1513년에 쓰인 《군주론》 초고는 오늘날의 이탈리아인도 이해하기 쉽지 않다. 그래서 원문 옆에 현대 이탈리아어 번역문이 나란히 실린 형태로 출판되고 있다. 그러나 이탈리아 독자에게 가장 큰 장애물은 결코 어휘가 아니다. 정작 어려운 것은 극도로 압축된 사상, 그리고 무엇보다도 현대 독자들로서는 익숙지 않을 만큼 풍부하게 사용된 역사적 사례와 당시 정치적 상황이다. 문장의 의미

는 이해한다고 해도 역사와 당시 이탈리아의 정치적 상황은 웬만한 사전 지식이 있지 않고서는 이해하기 어렵다. 때문에 이 책에서는 그림과 지도, 그리고 당대의 정치상황을 이해할 수 있는 설명글을 덧붙여 독자의 이해를 돕고자 했다.

마지막으로 《군주론》과 씨름하는 번역가가 마주치는 또 다른 문제는 바로 이 책의 명성이다. 마키아벨리를 칭송하든 비난하든 그가 유명한 것은 사실이다. 그가 수단보다 목적을 우선시했으며, 폭력이나 잔혹성뿐 아니라 배신까지 용인했기 때문이다. 이는 기독교나 근대 서양의 윤리관으로는 절대 용납할 수 없는 일이다. 폭동을 끝낼 수 있다고 하더라도 잔혹한 살인은 용납할 수 없으며, 잔혹한 테러를 미연에 방지한다고 하더라도 고문을 방관할 수는 없는 노릇이다. 때문에 번역자들은 이런 주장에 달라붙어 있는 악평에 호응해야 한다는 유혹에 흔들리곤 한다.

　하지만 여기에서 놓치지 말아야 할 것이 있다. 바로 마키아벨리는 군주의 부도덕한 행위들을 질책해서는 안 된다고 주장한 게 아니라, 이 문제를 도덕적 관점이나 기독교적 관점을 통해 논하는 일에는 다소 관심이 없었다는 것이다. 그에게 있어서 군주의 부도덕해 보이는 행위는 그 선택이 현명했느냐 그렇지 못했느냐의 문제이지 옳고 그름의 문제가 아니었던 것이다. 그가 논쟁의 주인공인 체사레 보르지아를 본보기로 제시했던 것 또한 도덕성이나 부도덕성 때문이 아니라 그가 생각하기에 오직 그 사람만이 권력을 획득하고 유지하며 강력한 국가를 만드는 방법을 알고 있었다고 판단했기 때문이었다.

　바라건대 이 책을 읽으면서 마키아벨리가 파시즘을 야기했느니, 반민주적 독재를 추구했느니 하는 17~18세기식 비난에 휘둘리지 않았으면 한다. 마키아벨리의 주장이 옳았

8

는지 그렇지 않은지를 논할 수는 있다. 그러나 자신의 종교
나 정치를 위해 마키아벨리에게 행해졌던 무분별한 음해를
답습할 필요는 없다. 시대와 상황을 이해하고 그 바탕 위에
이 책을 이해한 다음 그 위에 자신만의 논리를 세워나가기
를 바란다. 그리고 현대 우리 시대의 정치상황과 소위 정치
가라고 하는 이들의 행위가 《군주론》이 제시했던 많은 역사
적 사례와 다르지 않음을 알아차리기를 바란다.

마키아벨리와《군주론》,
그리고 이탈리아

마키아벨리의 탄생

　《군주론》은 파멸의 위기에 몰린 마흔네 살의 외교관이 쓴 책이다. 앞선 14년간 영향력과 특권을 행사했던 이 외교관은 정권이 바뀌면서 해임되고 말았다. 신정부를 반대하는 음모에 가담했다는 혐의 때문이었다. 결국 그는 투옥되고 고문당했다. 삶이 이보다 더 처참하게 바뀔 수는 없었다. 무혐의로 풀려나기는 했지만, 도시에서 살 수 없었다. 그래서 시골의 작은 농장에서 아내와 아이들을 데리고 살았다. 그러나 세속적이고 충동적인 호색한에다가 정신없이 돌아가는 정계의 한가운데에서 살았던 이 사내에게는 그것 또한 형벌이나 마찬가지였다. 남는 건 시간뿐이었던 그는 온종일

정처 없이 언덕을 거닐었다. 그러다가 저녁이 되면 자리를 잡고 앉아 권력을 얻는 방법, 권력을 유지하는 방법, 그리고 정치상황의 희생양이 되지 않는 방법에 관한 단상들을 적어 내려가기 시작했다. 이렇게 탄생한 얇은 책 한 권은 이후 수세기 동안 온갖 논쟁의 화두가 되었다.

〈마키아벨리의 초상〉(16세기)
산티 디 티토 작품

니콜로 마키아벨리는 1469년 피렌체에서 태어났다. 바로 위대한 로렌초 데 메디치가 권력을 잡은 해였다. 마키아벨리의 아버지 베르나르도Bernardo는 두 딸에 이어 얻은 장남 마키아벨리를 매우 아꼈다. 하지만 베르나르도는 한때 변호사로 일했지만 거의 일이 없었고, 훌륭한 인맥을 자랑했지만 재산이나 영향력은 변변치 못했다. 때문에 마키아벨리가 마음먹은 대로 성공하려면 아버지가 아닌 자신의 기지와 매력을 이용해야 했다.

마키아벨리의 남동생 토토Totto는 형과 같은 길을 걷지 않기 위해 사제가 되었다. 그의 어머니는 아주 독실한 신앙인이었으며, 종교적인 시와 찬송가를 쓰는 작가였다. 반면아버지는 종교에 회의적이었으며, 성경보다는 고대의 비종교적인 라틴어 작품들을 즐겨 읽었다. 그래서인지 마키아벨리는 어머니로부터 글솜씨를 물려받았으나 종교적인 측면에서는 그의 아버지나 로마의 역사학자들과 같은 시각을 견지했다.

두 얼굴의 피렌체

우리는 피렌체를 위대한 로렌초가 '집권했다'는 표현을 흔히 사용한다. 당시 피렌체는 공화정 체제였다. 로렌초도 1469년 당시 스무 살에 불과했으므로 선출직에 오르기에는 너무 어렸다.

13세기 무렵, 피렌체 주민들은 도시를 다스리던 토착 귀족가문을 몰아낸 뒤 공화국을 선포하고 지극히 이상적인 헌법을 도입했다. 2개월에 한 번씩 각 길드 및 도시 구역에서 부유한 남성들의 이름을 쪽지에 적은 뒤 뽑기를 통해 정부 구성원을 선출했으며, 이렇게 선출된 여덟 명의 최고위원 Priori들과 국가원수인 곤팔로니에레Gonfaloniere가 정부를 구성했다. 이러한 선발방식에는 모든 직업군과 모든 지역에서 충분히 많은 대표자를 지속적으로 배출할 수 있다는 장점이 있었다. 또한 어느 정도 사회적 지위를 갖춘 사람이라면 누구나 약간의 권력을 기대할 수 있었다. 하지만 그가 누구라 하더라도 권력을 영원히 붙잡고 있을 수는 없었다.

그러나 기본적으로 이 제도는 제대로 운영될 수 없었다. 정부는 주요 사안에 대하여 2개월마다 완전히 다른 입장을 보일 수 있었다. 또한 언제라도 불안정해질 수 있는 사회였으므로, 특정 가문이 조금이라도 득세한다면 그대로 사회에 개입하고 권력을 유지할 수도 있었다.

결국 1434년 코시모부터 피에로를 거쳐 로렌초까지의 메디치 가문이 투표절차를 조작하기 시작했다. 추첨 가방 안에 든 쪽지에는 대부분 메디치 가문에 친화적인 인물들의 이름이 적혀 있었던 것이다. 그러니 정부 구성원으로 선출된 사람들은 모두 메디치 가문의 지시에 고분고분 따를 수밖에 없었다. 결국 피렌체인들은 자신들을 누구에게도 머리를 조아리지 않는 자유시민이라고 자랑스러워했지만, 15세기 중엽에 이르러서는 사실상 독재와 아주 유사한 체제 속에 살고 있었던 것이다. 1478년 4월 메디치 가문의 라이벌인 파치 가문이 두오모에서 로렌초를 암살하려 했던 것도 정당한 방법으로는 로렌초의 기세를 꺾고 평범한 인민으로 격하시킬 수 없다는 판단에 따른 것이었다.

이처럼 마키아벨리가 자라난 피렌체는 겉으로 보이는 모습과 실제 모습 사이에 너무도 큰 괴리가 존재하는 도시였다. 로렌초를 암살하려 했던 파치 가문의 음모가 발각되었을 때 대주교 한 명을 포함한 음모자들은 모두 처형당했고, 그것도 모자라 그 시신들은 정부청사 창틀에 거꾸로 매달려 수주 동안 썩어갔다. 그때 마키아벨리는 아홉 살이었지만 정계에서 일이 틀어지면 어떠한 대가를 치르게 되는지 똑똑히 배웠을 것이다.

파치 가문의 음모 외에도 어린 마키아벨리가 살던 피렌체에는 종교의 영역과 정치의 영역이 정말로 다른지를 의심할 만한 사건들이 많이 발생했다. 교황은 파치 가문의 음모를 지원했고, 사제들 또한 연루되어 있었다. 암살이 실패로 돌아가자 로렌초를 가톨릭에서 파문해버렸다. 종교칙령은 정치적 도구에 불과했다. 뒤이어 피렌체와 로마 사이에 전쟁이 일어났으며, 두 도시 간의 대치는 1480년 오스만튀르크가 남부 이탈리아 해안을 공격함에 따라 이탈리아에서는 드물게 각지의 세력이 힘을 모아 싸우게 될 때까지 계속되었다.

이로부터 수년 후 로렌초는 교황의 비위를 맞춰주고선 자기 아들 조반니를 열세 살 나이에 추기경 자리에 올렸다. 가톨릭에서 파문당한 처지에서 교황이 가장 아끼는 인물로 거듭나게 된 것은 실로 엄청난 변화였다. 물론 이는 종교적이 아니라 정치적인 변화에 따른 것이었다. 돈과 교묘한 협상만 있다면 할 수 없는 일은 아무것도 없는 것처럼 보였다.

이즈음 마키아벨리는 스물한 살이었다. 마키아벨리의 청년기에 대해서는 알려진 바가 거의 없지만, 권위 있는 산 마르코 수도원의 원장이자 맹렬한 설교가였던 지롤라모 사보나롤라Girolamo Savonarola의 설교만큼은 들었을 것이 분명하다. 사보나롤라는 이전과 다른 기독교를 설파한 사람이었다. 향락이 무엇인지를 아는 타락한 교황권의 세계, 인본주의의 부상에 아무런 대응도 하지 못하던 당대 교황권의 세계에서 이 검소한 수도사는 오늘날 우리가 근본주의라 부르는 것의 시발점이나 다름없는 역할을 했다. 지상 유일의 권위인 성서 문헌으로의 회귀를 주장하고, 복음 이야기와는 무관한 가치에 점점 더 관심이 기우는 세상에서 교회들이 보다 전투적이고 방어적인 비전을 가져야 한다고 설파한 것

메디치 가문의 가계

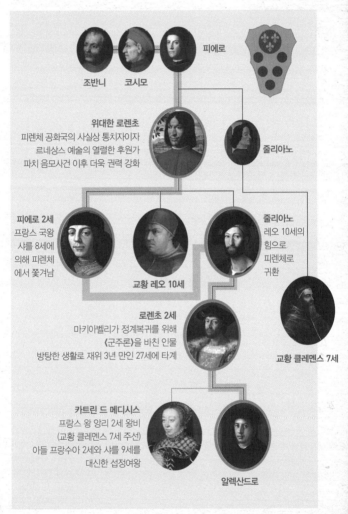

조반니 코시모 피에로

위대한 로렌초
피렌체 공화국의 사실상 통치자이자
르네상스 예술의 열렬한 후원가
파치 음모사건 이후 더욱 권력 강화

줄리아노

피에로 2세
프랑스 국왕
샤를 8세에
의해 피렌체
에서 쫓겨남

교황 레오 10세

줄리아노
레오 10세의
힘으로
피렌체로
귀환

로렌초 2세
마키아벨리가 정계복귀를 위해
《군주론》을 바친 인물
방탕한 생활로 재위 3년 만인 27세에 타계

교황 클레멘스 7세

카트린 드 메디시스
프랑스 왕 앙리 2세 왕비
(교황 클레멘스 7세 주선)
아들 프랑수아 2세와 샤를 9세를
대신한 섭정여왕

알렉산드로

이다. 강한 신념을 가졌던 사보나롤라는 가난의 덕목을 설교했고, 순수하지 못한 책이나 미술 작품들을 모두 불태워 버리라고 종용했으며, 죄 많은 피렌체인들이 외세의 침략을 통해 천벌을 받을 것이라고 예언했다. 그리고 그의 예언은 1494년 현실이 되었다.

15~16세기 이탈리아 상황

마키아벨리의 외교활동과 《군주론》에 인용된 사건들을 이해하려면 먼저 15세기와 16세기 초 이탈리아의 복잡한 정치적 지형도를 어느 정도 알고 있어야 한다. 특히 1490년 대에 찾아온 중대한 변화는 이후 350여 년간 이탈리아의 운명을 좌지우지했으므로 짚고 넘어가는 것이 좋겠다.

15세기 이탈리아반도에는 크게 다섯 개의 도시국가가 각축을 벌이고 있었다. 나폴리 왕국, 교황령, 피렌체, 베네치아, 그리고 밀라노가 그 주인공들이다. 로마 남쪽에서부터 칼라브리아주의 최남단까지를 차지한 나폴리 왕국이 당시 가장 거대한 국가였으며, 반도 중앙에 끼인 채 약간의 해변을 아슬아슬하게 차지한 피렌체가 다섯 국가 중 가장 왜소

했다.

다섯 국가는 모두 영토를 두고 치열한 경쟁을 벌였다. 오스만튀르크에게 대부분의 해외 영토를 빼앗긴 베네치아는 이제 북부 이탈리아 평원(페라라, 베로나, 브레시아)과 아드리아 해안 지역(포를리, 리미니)으로 진출하고자 했다. 머리 위에 위치한 통일 프랑스에 압박을 느끼던 밀라노는 그들과 대등한 세력을 갖추기 위해 남부와 서부(제노바)를 정복하고자 했다.

이런 때에 피렌체는 쉬운 방법을 통해 영토 확장을 시도했다. 그 결과 한 세기 동안 아레초와 피사, 코르토나를 정복했다. 그러나 루카 정벌만은 수차례 엄청난 국력을 쏟았음에도 실패하고 말았다.

한편 어떤 교황이 즉위하든 로마의 목적은 로마냐와 에밀리아 지역을 포함하여 북쪽과 동쪽으로 확장하는 것이었다. 하지만 크게는 페루자와 볼로냐, 리미니와 포를리에도 눈독을 들이고 있었으므로 베네치아 및 피렌체와 갈등을 빚을 수밖에 없었다. 멀리 남쪽에서는 아라곤 왕가의 방계 가문이 나폴리 왕국을 다스리고 있었으나, 시칠리아를 다스리던 에스파냐 왕가와 프랑스의 앙주 왕가가 나폴리 왕국의 왕위를 놓고 경쟁을 벌였다.

실로 복잡한 상황이었다. 대국 사이에는 작은 도시국가들이 여기저기 흩어져 있었는데, 이 중에는 마을 한 개에 주변 들판을 합친 크기밖에 되지 않는 곳들도 있었다. 이들 모두는 언제나 적대세력들의 침략을 경계했다. 그러나 안정적인 상태가 유지된 적은 거의 없었다. 물론 아주 중대한 변화가 일어난 적도 그다지 없었다. 한 세력이 군사적으로 대승을 거두는 경우 다른 세력들은 곧바로 세력 고착을 막기 위해 동맹을 결성했기 때문이었다. 피렌체가 계속해서 독립상태를 유지할 수 있었던 것 또한 어느 정도는 베네치아와 밀라노, 혹은 로마 중 하나가 피렌체를 차지하려고 할 때마다 나머지 두 국가가 곧바로 개입해 저지했던 덕분이었다. 이렇게 100년이 넘는 시간 동안 일종의 세력균형이 유지되었으나, 1494년 프랑스가 이탈리아를 침공하면서 상황이 급변했다.

마키아벨리가 《군주론》에서 설명한 바와 같이 프랑스의 침공에는 이탈리아인들의 책임도 컸다. 지난 세월 동안 이탈리아의 다섯 국가는 외세를 동원하겠다며 반도 내 다른 국가들을 말로만 협박해왔다. 그런데 1480년 로마와 나폴리 왕국 간의 전쟁 때 피렌체가 프랑스와 결탁하여 프랑스

인노첸티우스 8세 Innocentius VIII
(재위 1484~1492)
제213대 교황으로 알렉산데르 6세
의 전임자다.

샤를 8세 Charles VIII
(재위 1483~1498) 즉위하자마자 이
탈리아에 대한 영유권을 주장. 특히
나폴리 왕국에 대한 앙주 왕가의 권리
를 요구하고, 이를 빌미로 이탈리아를
침공함으로써 교황을 중심으로 한 반
프랑스 동맹을 결성하게 만들었다.

국왕이 나폴리 왕국의 왕위 계승권
을 한층 더 적극적으로 주장할 수
있게 해주었다. 1482년 베네치아
의 페라라 공국 침공 때에는 피렌
체와 밀라노가 오스만튀르크를 부
추겨 베네치아의 해상 장악력을 와
해시켰다. 베네치아는 이에 대한
반격으로서 프랑스의 오를레앙 공
작에게 밀라노 공국에 대한 계승권
을 주장하라고 부추겼다. 교황 인
노첸티우스 8세도 1483년 나폴리
왕국과의 전쟁 당시 프랑스의 로렌
공작에게 연락을 취해 공작에게도
왕위 계승권이 있음을 시사하면서
군사를 파견하라고 부추겼다.

애초에 말로만 했던 위협에는 어
느 정도 벼랑 끝 전술과 허풍이 섞
여 있었다. 하지만 1494년 밀라노
의 제안을 받아들인 프랑스의 샤를

〈1494년 피렌체에 입성하는 샤를 8세〉(1527), 프렌체스코 그라나치 작품

8세가 나폴리 왕국의 왕위 계승권을 주장하고 나서자 더는 허풍일 수 없었다. 샤를 8세가 이탈리아가 평생 가져본 적도 없을 만큼 큰 규모의 군대를 이끌고 남쪽으로 진격했기 때문이었다.

이때부터 이탈리아반도에는 외세의 개입이 끊이지 않았으며, 외세의 침입은 1870년 이탈리아 통일운동이 마무리될 때까지 계속되었다. 프랑스는 나폴리 왕국을 차지하기 위해 에스파냐의 시칠리아를 끌어들인 뒤 나폴리 왕국을 분할 점령했고, 에스파냐의 카를로스 1세Carlos I는 신성로마제국 황제로 즉위하자마자 프랑스를 다시 알프스 너머로 밀어내고 로마를 강탈한 후 150년간 이탈리아를 지배했다.

메디치 가문의 몰락과 신정국가

그러나 이는 모두 훗날의 이야기다. 1494년 프랑스가 나폴리 왕국을 향해 롬바르디아로 들어설 당시 피렌체는 프랑스가 향하는 방향의 정면에 있었다. 심지어 나폴리 왕국의 동맹국이기까지 했다. 문제는 위대한 로렌초가 이미 2년 전에 세상을 떠나고, 그의 무능한 아들 피에로가 메디치 가문을 이끌고 있었다는 것이었다. 피에로는 샤를 8세에게 너무나 비굴하게 항복했고, 피렌체의 속령들을 너무나 맥없이 프랑스에 내줬다. 이에 격노한 피렌체 주민들이 반기를 들고 일어날 정도였다. 그 결과 메디치 정권이 무너졌고, 이 재앙을 예언했던 설교가 사보나롤라가 임기 1년의 초대 곤팔로니에레, 즉 국가원수에 올랐다.

지롤라모 사보나롤라는 1494년부터 1498년까지 피렌체를 다스렸는데, 이 기간 피렌체는 르네상스 인본주의의 책이 불태워지는 근본주의 신정국가로 변모했다. 그는 신의 예언자임을 자처하며 기독교 세계관을 바탕으로 도덕성을 강조했다. 일종의 종교개혁을 꾀한 것이었다. 그러자 교황을 중심으로 하는 로마교회가 촉각을 곤두세웠다. 사보나롤

〈지롤라모 사보나롤라의 화형〉

라의 입이 그 어떤 인본주의나 회의론, 절충주의보다 심각
하게 자신들의 권위를 위협했기 때문이었다. 이에 로마교회
는 사보나롤라를 끌어내리기 위해 온갖 술수를 썼다. 결국
1498년 현실 삶이 아니라 이상에 몰두하라는 데 염증을 느
낀 피렌체인들이 사보나롤라에 대한 지지를 거두자 로마교
회는 그를 이단으로 선고하고 화형시켜 버렸다.

마키아벨리의 정계 입문

이 사건이 있은 지 얼마 후 마키아벨리는 드디어 피렌체 정부의 주요 부처 두 곳 중 하나인 제2서기관의 서기장으로 선출되었다. 또한 이어서 외교 및 전쟁을 총괄하여 준비하는 10인 위원회의 장이 되었다. 그때 마키아벨리는 스물여덟 살이었다. 어떻게 그 나이에 그렇게 높은 자리에 올랐는지는 알 수 없다. 그의 능력을 보증하는 특별한 경력에 대한 기록이 남아 있는 것도 아니다.

어쨌든 그는 입문한 지 수개월 만에 피렌체의 국익을 대변하는 대사로서 이웃 국가를 방문했다. 그리고 이후 14년 동안 프랑스 왕, 교황, 신성로마제국 황제, 체사레 보르지아, 카테리나 스포르차 등 주요 인물들을 상대로 장기적이고 중대한 임무들을 수행했다. 사절단 임무가 없을 때에는 진행 중이던 피사 재점령 군사작전에 매우 적극적으로 관여했다. 당시 피사는 프랑스 침공 때 피렌체에서 떨어져 나가 독립한 상태였는데, 피렌체 상업에 없어서는 안 될 요충지였다. 피렌체와 바다를 이어주는 길목에 있었기 때문이었다. 따라서 피사를 재점령하는 문제는 피렌체의 경제에 사활이 걸린 문제였다.

마키아벨리를 평가하는 글을 보면 대체로 외교적 능력을 무시한다. 그의 외교관 활동이 해임 후 집필활동의 소재에 지나지 않았다는 것이다. 그러나 마키아벨리 자신은 그렇게 생각하지 않았던 것으로 보인다. 그는 10년이 넘는 세월 동안 피렌체의 대신급 외교관이었으며, 이를 스스로 자랑스러워했다. 실제로 그가 외교활동으로 놀라운 성과를 거두지 못한 것은 그의 능력이 부족했기 때문은 아니었다. 피렌체가 이탈리아의 주요 도시국가 중 가장 약소한 국가였기 때문이었다. 그뿐 아니라 프랑스, 에스파냐, 신성로마제국, 스위스 등 4개 강대국이 군사적으로 개입할 만큼 이탈리아 반도 자체가 혼란스럽고 취약했기 때문이었다.

문제는 또 있었다. 사보나롤라와 사보나롤라의 후임자 피에로 소데리니Piero Soderini가 프랑스와의 동맹을 구축했지만, 장기적인 측면에서 피렌체의 안보나 안정을 모색하지는 못 했던 것이다. 게다가 고귀한 사람이었지만 그 어떤 대범한 결정도 내릴 줄을 몰랐던 소데리니Piero Soderini 때문에 상황은 더욱 나빠졌다.

그러므로 마키아벨리의 외교활동은 위협적인 주변국에 피렌체를 가만히 놔두라고 요청하는 일이 대부분일 수밖에 없었다. 다른 국가가 피렌체의 전쟁을 금전적으로나 군사적으로 지원해 줄 것이라고 기대하기도 힘들었다. 무언가 뚜렷한 장기적 정책이 있었더라도 그것은 기만에 불과했다. 먼 해외에까지 나가 협상을 시작했는데, 본국으로부터 원래 계획과 모순되는 명령들이 뒤늦게 도착하면서 혼란을 겪기도 했다. 외국 도시에 도착한 후 돈이 부족해 피렌체로 전갈을 보내는 것도, 때로는 먹을 음식이나 입을 옷을 구하는 것도 힘들 때가 있었다. 강대국의 군주들이 피렌체를 얕잡아 보고 멸시하는 통에 알현 허가를 받는 데에만 며칠 혹은 몇 주씩 걸린 적도 많았다.

이처럼 걸림돌이 많았던 상황을 생각해보면 마키아벨리가 왜 그렇게 민병대 창설에 집착했는지 이해할 수 있다. 그의 열망은 《군주론》에서도 명백하게 표현되어 있다. 피렌체가 약소국이었던 이유는 영토가 작아서이기도 했지만, 그보다는 자체 군사력을 갖추지 못했기 때문이었다. 피렌체는 용병에 의존하고 있었는데, 용병들은 피사의 성문 앞에서도 그러했듯 상황이 어려워지면 곧바로 발을 빼는 것으로 유명한 자들이었다. 효율적이고 애국심 넘치는 민병대가 세력의 기반이었다면 마키아벨리를 비롯한 피렌체의 외교관들이 좀 더 큰 영향력을 가지고 존중을 받으며 협상에 임할 수 있을 터였다. 마키아벨리가 바란 것도 그런 것이었다.

군주의 모범을 찾다

1502년 6월, 4년 차 외교관이던 마키아벨리는 제214대 교황 알렉산데르 6세의 아들이자 아버지의 후광을 등에 업고 교황령 북쪽 국경지대에서 자신만의 새로운 기반을 닦고 있던 체사레 보르지아를 만났다. 스물일곱 살의 체사레 보르지아가 피렌체 동쪽에 위치한 도시 우르비노를 막 점령한 참이었다. 이때 마키아벨리는 보르지아에게 피렌체 국경을 넘지 말라고 설득하기 위해 외교사절로 갔는데, 오히려 체사레 보르지아에게 큰 감명을 받았다. 매력적이고 결단력이 있으며 기민하고 무자비했던 보르지아는 그야말로 대서사시에나 등장할 법한 지도자였던 것이다. 미적거리기만 했던 피에로 소데리니로서는 도저히 따라갈 수 없는 사람이었다.

마키아벨리가 보르지아를 다시 만난 건 그로부터 반 년 후인 1503년 1월이었다. 그때는 보르지아가 협상을 명목으로 해안 도시 세니갈리아에 반대세력들을 모두 초대한 뒤 그들이 도시 성문에 들어서자마자 기습하여 모두 살해한 직후였다. 이 사건으로 마키아벨리는 보르지아가 모든 상황을 완벽하게 좌지우지하기로 마음먹었음을 깨달았다. 그리고 보르지아가 가톨릭의 원칙들을 무시하는 것을 좋아하지 않았지만, 상황을 빠르게 판단하고 득실을 셈한 뒤 결단력 있게 행동하여 원하는 결과를 얻어내는 데 매료되었다. 즉, 보르지아는 마키아벨리에게 사상과 분석은 추상적인 개념이 아니라 결정적인 행동을 만들어내기 위한 것이라는 생각을 심어준 것이다. 그리고 이러한 근대적이고 실증주의적인 태도가 바로 《군주론》의 핵심을 이뤘다. 하지만 1503년 들어 체사레 보르지아와 그의 아버지 알렉산데르 6세가 갑자기 심각한 병마에 시달리기 시작했고, 세간에는 두 사람 모두 알렉산데르 6세의 실수로 독극물을 먹었다는 소문도 돌았다. 결국 교황 알렉산데르 6세가 세상을 떠났고, 이것은 체사레 보르지아의 권력기반이 무너졌음을 의미했다.

그로부터 3년 후 마키아벨리는 후임 교황 율리우스 2세의 페루자 원정에 동행했다. 그리고 놀라운 것을 목격한다. 바로 율리우스 2세의 대담한 행동이었다. 그때 율리우스 2세는 소수의 호위병만을 데리고 페루자의 군주 잠파올로 발리오니Giampaolo Baglioni를 찾아가 "당장 물러나지 않으면 패배를 맛보게 될 것이다"라고 엄포를 놓았다. 그런데 더 놀라운 것은 발리오니였다. 그는 거의 단신으로 뛰어든 교황을 그 자리에서 죽일 수 있었음에도 교황에게 굴복한 뒤 도망쳐 버린 것이다. 이후 교황 율리우스 2세는 강압적 권력과 대담함으로 북진하여 마침내 볼로냐 점령에 성공했다.

마키아벨리는 10인 위원회의 서기장이었을 때 딱 한 번 개인적인 영광을 누렸다. 1509년, 그가 정부를 거듭 설득한 끝에 창설한 민병대가 저항군을 무너뜨리고 오래전 독립해 버렸던 피사를 수복한 것이다. 민병대의 승리는 앞서 피사를 수복하기 위해 용병을 고용했으나 매번 실패했던 경험과 비교되었고, 그 결과 민병대가 용병보다 더 낫다는 마키아벨리의 주장에 강력한 힘을 실어주는 계기가 되었다.

당시 마키아벨리의 주군은 지롤라모 사보나롤라의 후임 소데리니Piero Soderini였는데, 그의 업적은 공직에 있던 14년 동안 피사의 수복이 유일했다. 사보나롤라 시절부터 망가져 가던 피렌체의 상황은 점점 더 나빠질 뿐이었다. 간신히 연명하고 있었다고 해도 과언이 아니었다. 이웃 국가들의 변덕이 피렌체의 운명을 좌지우지했다. 급기야 피렌체가 피사를 수복한 지 3년이 지났을 때 에스파냐와 동맹을 맺은 교황 율리우스 2세가 제멋대로 피렌체 정계를 개편해버렸다. 당시 라벤나에서 프랑스까지 물리친 율리우스 2세는 두려울 것이 없었다. 그래서 곧바로 피렌체에 군사를 보내 피렌체를 함락시킨 후 메디치 가문을 복귀시키고, 나아가 피렌체를 로마에 속한 괴뢰국으로 만들어버렸다. 피렌체군은 저항했음에도 피렌체로부터 북쪽으로 수마일 떨어진 프라토까지 밀려났고, 그곳에서 패배하면서 저항도 저항의 의지도 모두 잃고 말았다. 메디치 가문이 다시 권력을 장악하자 소데리니는 달아나버렸고, 마키아벨리도 해임되었다. 이것으로 마키아벨리의 공직생활도 끝나버렸다.

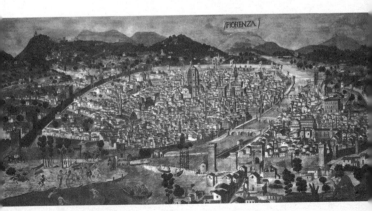

15세기 피렌체 전경

마키아벨리와《군주론》

《군주론》은 대체로 그 내용의 구조 때문에 논란을 일으켰지만, 누군가에게 충격을 주려는 의도로 쓴 책은 아니었다. '군주국에 대하여De Principatibus'라는 제목으로 쓰였던 이 책은 국가와 정부의 종류를 발전단계에 따라 구분하고, 각 종류의 국가에서 권력을 획득하고 유지하는 일반적인 원칙들을 확립하기 위해 고대와 근대의 역사를 넘나든다.

마키아벨리는 풍부한 경험과 폭넓은 독서량, 그리고 지성인으로서의 정직한 가치관을 지닌 사람이었다. 그러나 일반적인 사람들에게 적용되는 도덕률을 기꺼이 벗어나 행동할 태세가 된 지도자만이 정치적 권력을 획득하고 유지할 수 있었던 경우가 많았음을 집필과정에서 깨달았을 것이다. 그래서 일단 이기기만 한다면 그 누구도 승자를 재판에 부치려 하지 않았다고 설명했다. 정치 지도자는 법 위에 있다는 것이다.

만약 마키아벨리가 이 불행한 상황, 즉 군주가 법 위에 존재하는 상황을 개탄했더라면, 지도자를 평가할 때 단순히 권력을 유지하고 강국을 건설하는 능력뿐만 아니라 그 외의 다른 기준들도 고려했더라면, 혹은 권력을 가지기 위해 영혼을 팔아야 한다면 그런 영혼 따위는 애초에 가질 필요가 없다고 말하는 정도의 적절한 신실함을 보여주었더라면 똑같은 정보를 전달했다고 하더라도 이후 쏟아진 어마어마한 비난만은 피했을 수도 있다.

그러나 한두 번을 제외하면 마키아벨리는 그렇게 하지 않았으며 그렇게 할 생각조차 없었다. 오히려 그는 다음과 같이 생각했다. '정치적인 삶이란 언제나 또는 때로는 형언하기 어려울 정도의 잔인함을 내포하고 있으며, 일단 권력 기반을 다진 군주는 죽거나 죽이는 것 이외의 다른 선택지는 없다'고 말이다. 이 책에 '어쩔 수 없이', '반드시', '~해야 한다'는 표현이 상당히 자주 등장하는 이유다.

그 외에도 《군주론》에는 지금까지 논란이 되고 있는 문제의 구절이 많이 등장한다. '목적이 수단을 정당화한다', '인간은 다정히 대해주거나 아니면 철저히 파멸시켜 버려야 한다', '정복한 영토를 확실하게 유지하려면 그곳을 산산이 부숴버리는 방법밖에 없다'와 같은 것들이다. 사실 《군주론》이 그토록 설득력 있으면서도 큰 논란을 불러일으켰던 데에는 이런 문장들이 있었기 때문이기도 하다. 하지만 그보다 큰 이유는 베네치아와 시라쿠사의 예처럼 야만적인 행위로 점철된 역사적 사례들을 '일어날 수밖에 없는 일'이었다면서 눈 하나 깜빡하지 않고 사람들 앞에 펼쳐 보였기 때문이다.

자세히 살펴보면 우선, 용병대장 카르마뇰라가 더는 베네치아를 위해 힘껏 싸우지 않고 있음을 알게 된 베네치아인들이 그를 해고하는 대신 그에게 반역혐의를 씌워 죽여버린 것에 대해 마키아벨리는 '당시로써는 그를 죽이는 것만이 안전한 방법이었다'는 말로 두둔했다. 또한 군대의 지휘권을 쥐게 된 시라쿠사의 히에론 2세Hieron II가 나라의 병사들이 모두 용병이라는 것을 깨닫는 순간 그들을 모두 죽여 버린 것에 대해서는 '그들을 그대로 이용할 수도, 그대로 보내줄 수도 없다고 판단한 히에론은 그들을 모두 산산조각 내버렸다'라고 했다.

마키아벨리의 태도는 자신만의 국가를 세우는 것이 집을 짓거나 사업을 시작하는 것과 크게 다를 바 없는 듯 보이는데, 이러한 접근방식은 새로운 국가를 세우려는 사람들에게 체사레 보르지아를 본보기로 소개했다는 데에서 정점을 찍는다. 보르지아에 대한 그의 설명 중 일부를 요약하면 다음과 같다.

준엄한 총독 레미로 데 오르코를 내세워서 로마냐를 정복하고 통일시킨 보르지아는 그 과정에서 있었던 사람들의 비난을 불식시키기 위해 모든 잔혹행위의 책임을 총독에게 돌려 참수했다. 그뿐 아니라 체세나 광장 한가운데에 피 묻은 칼과 함께 그의 시체를 보란 듯 방치했다. 이 잔혹한 광경에 민중들은 만족하면서도 경악을 금치 못했다.

보르지아에 관한 부분을 읽다 보면 여기에서부터 변화가 느껴진다. 바로 지적이지만 온건한 성질의《군주국에 대하여》에서 벗어나 비범하고 충격적인《군주론》으로 거듭나고 있다는 것이다. 즉, 이는 마키아벨리의 관심사가 '각기 다른 정치체제의 체계적인 분석'에서 '자신을 기독교적 윤리의 속박 너머에 둔 채 순수한 권력이라는 망상 속에 살았던 지도자들의 심리를 설명하는 일'로 넘어갔다는 의미라고 할 수 있다.

1550년판 《군주론》 표지

그 흥미로운 심리학에는 마키아벨리 자신 또한 깊이

관여되어 있었다. 마키아벨리 같은 외교관, 즉 평생을 권력자들 사이에서 살았으나 스스로 칼자루를 쥐어본 적은 없고, 횡령혐의로 조사받았을 때 횡령은 고사하고 임금조차 제대로 못 받았던 것만 드러난 양심적이고 정직한 공무원에게 있어서 보르지아는 부러움과 갈망의 대상이 되기에 충분했다. 마키아벨리에게 보르지아는 자신의 수중에 떨어지는 것은 그것이 무엇이든 거침없이 독차지하며 정직하게 구는 일은 꿈조차 꿔본 적 없는 멋진 사내였던 것이다.

위안과 대리만족, 그리고 재기를 위한 몸부림

마키아벨리는 《군주론》을 집필하는 동안 두 갈래의 길을 두고 깊이 고민했는데, 그 마음속의 갈등이 《군주론》의 매력과 다의성을 낳았다. 표면적으로 그는 글쓰기를 자기치유의 일환으로 삼아 권력과 정치학에 관한 진리를 사심 없이 추구했다. 어떻게 국가를 정복하고 상실하는지에 관한 법칙을 확립하는 일은 그에게 통제권이라는 환상을 심어주었을 것이며, 그의 자긍심 또한 북돋아 주었을 터였다.

그리고 동시에 보르지아를 포함한 여러 인물의 이야기 속을 누비면서 자기는 한 번도 쥐어본 적 없는 극적이고도 정치적인 성취들을 다소 무의식적으로 즐겼다. 이 점에서 보르지아의 비참한 실각과 체포, 구금 및 죽음을 급히 얼버무렸다는 점은 꽤 흥미롭다. 마치 자신의 영웅이 맞은 비참한 운명을 부정하려는 것처럼 말이다.

마음을 달래기 위해 글을 쓴 것도 있었지만, 확실히 《군주론》은 출간을 목적으로 쓴 글이자 공적 활동을 재개하기 위한 수단이었다. 마키아벨리는 자신의 지적 능력과 풍부한 사례, 교묘한 논리를 과시하기 좋아했다. 그러나 여기에서도 그는 서로 거의 모순되는 의도들을 동시에 추구했다.

그가 가장 열정적이고 집중적으로 추구했던 목표는 바로 과거 모든 위대한 역사가들이나 철학자들과 토론하는 일이었으며, 당대 사람들에게 자신이 갈고 닦은 정신을 뽐내는 일이었다. 그러나 이 책을 쓴 보다 현실적 이유는 이 책을 발판 삼아 공직에 복귀하고자 하는 것이었다. 자신의 분석 능력이 뚜렷하고 강렬하게 드러나는 책을 써서 군주에게 헌정한다면 틀림없이 자신을 다시 고용해줄 것이라고 생각한 것이다. 아첨이 묻어나는 헌정사와 '당신이 이탈리아에서 외세를 몰아내는 사람이 되어야만 한다'는 주장, 그리고 애국심이 넘치는 마지막 장을 쓴 이유가 바로 여기에 있다.

그렇다면 마키아벨리는 누구를 이탈리아에서 외세를 몰아낼 군주로 생각했을까? 마키아벨리가 감옥에서 풀려나기 직전인 1513년 3월, 위대한 로렌초의 아들이자 열세 살에 추기경이 되었던 조반니 데 메디치가 세상을 떠난 율리우스 2세의 뒤를 이어 교황이 되었다. 그리고 율리우스 2세에 의해 정권을 되찾은 메디치 가문 수장의 지위는 조반니의 형제 줄리아노Giuliano에게 있었다. 마키아벨리는 바로 이 줄리아노 데 메디치를 위해 《군주론》 집필을 시작했다.

하지만 유약한 줄리아노가 젊은 나이에 암살당하면서 공격적이고 호전적인 로렌초Lorenzo가 그 뒤를 이었다. 이로써 자연스럽게 책의 주인도 로렌초, 바로 로렌초 2세 데 메디치로 바뀌게 되었다. 물론 마키아벨리가 그들을 선택한 것은 그들에게 시대를 이끌 만한 능력이 있어서는 아니었다. 그저 마침 그때 그들이 마키아벨리 자신의 재기를 가능하게 해줄 피렌체의 실질적 통치자였기 때문이었다.

마키아벨리의 결정적 오류

마키아벨리는 변화하는 상황에 따라 유연하게 대처했다. 또한 자신이 정치와 역사를 제대로 이해하고 있음을 보여주는 훌륭한 논리, 《로마사》의 리비우스Livius와 《타키투스의 연대기》의 타키투스Tacitus, 《펠로폰네소스 전쟁사》의 투키디데스Thucydides를 모두 합친 것만큼이나 냉철한 역사가임을 동료 지성인들에게 증명하는 심오한 분석을 자신의 책에 가득 담았다. 하지만 이것은 명백한 실수였다. 마키아벨리가 심혈을 기울인 《군주론》은 책조차 즐기지 않았던 메디치의 어린 왕자가 이해할 수 있거나 높이 살 만한 종류의 책이 아니었던 것이다. 로렌초가 책을 받은 것은 1515년이었지만 장담하건대 단 한 번도 펼쳐보지 않았을 것이다. 실제로 로렌초에게는 할아버지인 위대한 로렌초와는 달리 마키아벨리의 정교한 고찰들을 이해할 머리도, 공부할 자질도 없었다.

만일 로렌초가 이를 읽었다고 하더라도 달라지는 것은 없었을 것이다. 사기 치는 일이 정치의 대부분이라거나, 종교적 신념 그 자체는 그다지 중요하지 않지만 신념을 가지고 있는 것처럼은 보여야 한다고 주장하는 자를 외교관으로 고용하고자 하는 군주는 없을 것이기 때문이다. 마키아벨리는 《군주론》이 외교관 생활을 이어나가기 위한 도구가 되길 바랐다면 학문적이고 철학적인 성취를 바라서는 안 되었다.

그리고 책에 담긴 진지한 직언들이 공직으로 돌아가는 데 전혀 도움이 되지 않는다는 것을 이해했어야 했다. 이 두 가지 목표는 절대로 양립할 수 없기 때문이다.

좌절과 재기

그렇게 《군주론》을 쓴 의도는 결국 좌절되었다. 희망을 잃어버린 마키아벨리는 방탕한 생활을 하기 시작했다. 조심하지도 자제하지도 않고 욕정을 좇았다. 그러다 본래 외교보다는 연애에 탁월했던 사람처럼 예리한 정치적 분석을 집어던지고 사랑놀음으로 질펀한 희곡을 썼다. 1518년 초연된 그의 희곡 〈만드라골라La Mandragola〉가 그것이다. 한 청년이 유부녀를 침대로 끌어들이기 위해 터무니없는 속임수를 꾸며내는 내용의 이 작품은 아이러니하게도 마키아벨리에게 큰 유명세를 안겨주었다. 수년 후 발표한 늙은 사내가 젊은 여인에게 무작정 구애하는 내용의 〈클라치아Clazia〉도 마찬가지였다.

이후 마키아벨리는 무려 10년이나 되는 세월을 집필하는 데 고스란히 바쳤다. 고대 로마의 정치와 역사를 고찰한 《로마사 논고》, 피렌체의 오랜 역사를 담은 역사서 《피렌체 역사》, 그리고 《전술론》이라는 짤막한 책들이 모두 이 시기에 탄생했다. 하지만 앞의 세속적인 희곡 두 편을 제외하고는 마키아벨리를 유명하게 만들어준 것은 없었다. 또한 마키아벨리의 관심은 여전히 살아 있는 정치에 있었으며, 그의 바람은 다시 예전처럼 전권대사를 하는 것이었다.

그리고 마침내 기회가 왔다. 1525년, 교황 클레멘스 7세 Clemens VII가 마키아벨리를 불러들인 것이다. 클레멘스 7세는 위대한 로렌초의 조카이자 조반니 데 메디치, 즉 교황 레오 10세의 사촌으로 메디치 가문에서 배출한 두 번째 교황이었다. 교황은 마키아벨리에게 '프랑스와 에스파냐 간에 적대감이 점점 고조되고 있는 상황에서 피렌체가 어떻게 대처해야 하는지' 자문을 구했다. 당시 이탈리아는 어느 때보다 강하게 두 강대국의 전쟁터가 될 위기에 처해 있었다. 때문에 클레멘스 7세는 과거 젊은 외교관으로서 이름이 높았던 마키아벨리의 능력이 필요했고, 그래서 시골에 있던 그를 불러들여 공직을 주고 피렌체 방어를 위한 방법을 고안하라는 임무를 주었던 것이다.

그럼에도 전쟁은 결국 일어났고, 이탈리아는 예상한 대로 전쟁터가 되었다. 교황 권력의 중심이었던 로마도 피렌

〈이탈리아 전쟁〉. 프랑스 샤를 8세의 침공으로 1494년에 시작되어 1559년까지 이어진 전쟁이다. 나폴리 왕국과 밀라노 공국의 왕위에 관련된 갈등이 원인이었지만 전쟁은 순식간에 힘과 영토를 둘러싼 각국의 이익을 위한 권력투쟁으로 번졌다.

체를 거치지 않고 곧바로 진격해 온 에스파냐와 신성로마제국의 연합군대에 의해 철저히 파괴되었다. 유린된 곳은 로마만이 아니었다. 이탈리아 전체가 그랬다. 그것은 그 이전에는 결코 당한 적 없는 수치였다. 그 여파는 피렌체도 피해갈 수 없었다. 교황의 몰락은 그 힘으로 유지해온 메디치 정권을 무너뜨리는 결과로 이어진 것이다. 메디치 가문의 몰락은 마키아벨리의 바람이 또다시 무너져 버렸다는 것을 의미했다. 상실감을 견딜 수 없었던 마키아벨리는 약물을 오용하다가 로마가 함락된 지 한 달 만인 1527년 6월 쉰여덟의 나이로 세상을 떠나고 말았다.

《군주론》에 대한 평가와 오명

마키아벨리의 야망이 담긴 《군주론》은 빛을 보지 못한 채 수년 동안 어리석은 로렌초 2세의 서랍 안에 잠들어 있었다. 또한 정식으로 출판된 적도 없었다. 그러다 1532년에서야 드디어 이탈리아어로 정식 출간되었다. 하지만 교황 파울루스 4세Paulus IV 시절 영국 출신 추기경 레지널드 폴 Reginald Pole이 《군주론》을 가리켜 '사탄의 손가락'이 쓴 책이라고 비판하면서 금서 목록에 이름을 올렸다. 헨리 8세Henry VIII가 로마 가톨릭과 결별하고 영국 국교회를 설립한 데《군주론》의 영향이 컸다는 게 이유였다.

프랑스에서는 더 큰 오명을 뒤집어썼다. 개신교도인 위그노, 즉 프로테스탄트 칼뱅파교도와 가톨릭 간의 대립이 극에 달했던 샤를 9세Charles IX 때 병약하고 어렸던 그를 대신해 실권을 휘두른 이는 그의 어머니 카트린 드 메디시스 Catherine de Médicis였다. 바로 이탈리아 피렌체 출신이면서 마키아벨리가 《군주론》을 바쳤던 로렌초 2세 데 메디치의 딸이었다. 그녀는 프랑스 궁정에 다수의 이탈리아 총신들을 끌어들임으로써 프랑스 내에 이탈리아와 가톨릭에 대한 반감을 부추겼고, 결국 종교 갈등을 완화시키고자 노력했음에도 수만 명의 위그노가 살해당한 1572년 성 바르톨로메오 축일의 대학살 사건은 막을 수 없었다.

그런데 대학살에서 죽을 뻔했던 정치가 이노센트 젠틸레 Innocent Gentillet가 프로테스탄트의 영역이었던 제노바로 탈출한 뒤 《마키아벨리에 대한 반론Discours contre Machiavel》을 펴냈다. 카트린 드 메디시스와 프랑스 가톨리시즘을 공격하고 위그노를 방어하기 위해 쓴 이 책은 카트린이 마키아벨리의 방식으로 반이탈리아 정서를 이용하고 있으며, 카트린과 마키아벨리 모두 이탈리아 특유의 냉담하고 악랄한 국민성을 대표하고 있다고 주장했다.

이후 많은 반대파들은 마키아벨리의 저서들을 원본 그대로 읽는 수고를 들이지 않고 젠틸레의 저서에서 정보를 얻었다. 이에 마키아벨리라는 이름마저 명예훼손용 비방으로 쓰이게 되었다. 영어권에서는 '마키 이블Mach Evil' 혹은 '매치아 빌런Match-a-villain'이라는 말장난으로 쓰였고, 스코틀랜드에서는 '미첼 와일리Mitchell Wylie'라고 한 것이다. 이렇게 형성된 반마키아벨리 풍조는 이후로 수십 년간 지속되었다.

〈성 바르톨로메오 축일 학살〉(1572), 프랑수아 뒤부아 작품
로마 가톨릭교회 추종자들이 개신교 신도들을 학살한 사건으로 희생자의 수는 약
3만 명에서 7만 명으로 추산되고 있다.

성 바르톨로메오 축일의 대학살 이후 수년 동안 카트린
드 메디시스는 프랑스 내전을 해결하기 위해 고군분투했다.
특히 가톨릭 세력이 위그노의 존재를 용인해야 한다고 로마
를 설득했다. 그러나 역설적이게도 카트린과 카트린의 정신
적 스승이라던 마키아벨리는 이로 인해 다시 한 번 비난을
받게 된다. 이번 비난의 주체는 가톨릭이었는데, 갈등을 피
한다는 명목 아래 그 무엇보다도 중요한 종교적 진리를 정
치적 교섭의 문제에 종속시키고 궁극적으로는 프랑스를 세
속국가로 타락시키려 한다는 게 비난의 골자였다.

이상과 현실의 분리와《군주론》에 대한 재평가

그런데 이 비난의 이유가 오히려 마키아벨리의 주장을 빛나게 하는 근거가 된다. 본래 르네상스 인본주의는 일반적으로 지적 고찰의 초점을 신학과 형이상학적 진리에서 직접적이고 실용적인 인간사로 옮겨놓았다. 그럼에도 종교가 궁극적으로 우위를 점하고 있다는 입에 발린 말은 늘 존재했으며, 학자들도 이상과 현실, 또는 종교와 세속이라는 두 가치관이 근본적으로 화합할 수 없다고는 하지 않았다. 훌륭한 기독교인인 동시에 수완 좋은 정치 지도자가 되는 일이 완벽하게 가능하다고도 했다.

이런 때 마키아벨리는 기독교적 원칙들과 정치적 리더십이 언제나 양립할 수 있는 것은 아니며, 두 가지 중 하나만을 선택해야 하는 상황이 발생할 수도 있다고 주장했다. 이것이 마키아벨리가 모든 윤리적 가치들을 단번에 거부했다는 비난의 근거가 된 것이다. 하지만 이런 비난은 현실을 부정한 것에 지나지 않는다. 민족과 국가의 힘, 통일성, 독립성은 확실히 추구할 만한 목표지만 기독교적 원칙을 저버리지 않고서는 달성할 수 없다. 두 가치관이 충돌을 일으키기 때문이다.

또한 마키아벨리는 여기에서 멈추지 않고 한층 더 진보된 현실인식을 보인다. 기독교적 원칙들은 존중할 만한 것들이지만 몇몇 상황에서는 정치인에게 적용시킬 수 없으며, 기독교가 인간의 모든 행위를 단일한 가치관으로 평가할 수 있다는 생각은 순진한 공상이라고 한 것이다.

즉, 마키아벨리는 르네상스 인본주의가 가진 종교적 한계, 즉 현실과 종교를 구분하려 하지 않은 인본주의의 비겁한 가면을 벗겨버린 것이다. 그러나 당시로써는 위험한 발상이었고, 위험한 발언이었다. 유럽의 정치상황이 로마로 대표되는 교황의 손에 좌지우지되고 있었기 때문이다.

한번 쓴 굴레는 쉽게 벗겨지지 않는 법이다. 가장 먼저 마키아벨리를 향해 비난의 칼을 던졌던 영국에서는 엘리자베스 시대에 유행했던 시대극에 마키아벨리의 이름을 400번도 더 넘게 등장시켰다. 하지만 '사람도 죽일 만큼 악한 자'라는 마키아벨리에 대한 평가는 조금도 달라지지 않았고, 이후로도 오랫동안 악당의 대명사로 쓰였다.

마키아벨리는 극 속에서 인생을 마음대로 살면서 다른 사람들이나 상황을 조종하고 도덕관념이라고는 일체 없는 이기적인 악당이었다. 여기에 희극이 주를 이뤘던 시대 취

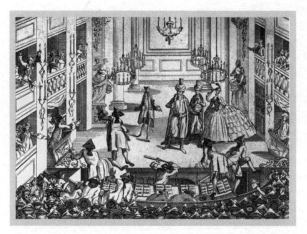
1763년 시대극이 한창이던 런던 코벤트 가든 오페라 하우스

향과 맞물리면서 자기 꾀에 자기가 빠지는 한심하고 비겁한 실패자로 그려졌다. 그러나 이 덕분에 교황청 금서로 지정됐음에도 《군주론》이 계속해서 출판되고 읽힐 수 있었다. 그리고 《군주론》은 시대가 흘러 과학과 이상이, 정치와 종교가 분리되어 서로 다른 진리를 논하게 되었을 때에야 비로소 재평가되기 시작했다

근대 지도자들이 가진 최고의 고민은 '자신에게 권력을 가질 정당하고 타당한 권리가 있다는 것을 어떻게 사람들에게 납득시키는가' 하는 것이었다. 영국의 제임스 2세의 손자 찰스 스튜어트Charles Stuart가 왕권신수설을 주장했을 때

영국의 군주들 대다수는 무력과 간계를 통해 왕권을 쥔 사람들이었다. 재미있는 점은 찰스 1세의 가장 큰 적대세력이었던 크롬웰Cromwell 또한 자신이 신과 직접 연결되어 있으며 믿음과 신실함을 통해 정당성을 부여받았다고 주장했다는 것이다. 그래서 크롬웰은 그 자신이 의회의 의원 출신이면서도 자신의 일이 신의 뜻이라는 것을 부정당하지 않으려고 자주 의회나 선거를 거치지 않고 지배권을 행사했다.

또한 더 짙은 농도의 혈통만이 권력을 노리는 자들이나 공화주의, 민주주의로부터 자신들을 보호해줄 수 있다는 믿음에 결혼과 재혼으로 방어동맹의 그물을 점점 더 촘촘하게 엮었던 유럽의 왕가들도 종교적으로 보이기 위해 노력했으며, 어떤 대가를 치러서라도 신앙 그 자체를 유지시키고자 했다. 그래야만 자신들이 누리는 특권이 민중에게 당연하게 보일 것이라 생각했던 것이다. 프랑스 대혁명으로 왕권에 대한 환상이랄 게 모두 파괴된 이후에는 '품위'를 내세워 권력의 정당성을 입증하려 했다.

이렇게 언제나 음모가 도사리고 있는 왕궁에서 살아남기 위해 자신의 믿음과 혈통과 품위를 내세워야 했던 통치자들에게 마키아벨리의 이 작은 책은 끊임없는 위협이 되었다. 이 책이 사람들에게 '권력이란 무력이나 반란을 통해 언제든 붙잡을 수도 잃을 수도 있으며, 그렇기 때문에 군주는 이를 막기 위해 신민을 최우선으로 고려해야 한다'고 말하기 때문이었다. 따라서 종교계와 통치자들은 저자가 잔혹한 보르지아를 존경했다는 점만을 들먹이며 《군주론》을 폄훼했다. 군주라면 민중에게 미움받는 일은 절대로 하지 말아야 한다는 충고도, 권력은 결국 수가 많은 민중에게 돌아간다는 주장도 절대 언급하지 않았다.

반면 근대의 진보적인 사상가들은 통치자들이 숨기려 했던 《군주론》의 진짜 주장을 망설임 없이 강조했다. 루소Rousseau도, 스피노자Spinoza와 후대의 이탈리아 시인 우고 포스콜로Ugo Foscolo도 《군주론》이 군주에게 가르침을 주는 척하고 있지만 사실은 '권력이란 속임수에 지나지 않는다'는 점을 가르침으로써 사람들을 자유롭게 해주려는 속셈이 있었다고 주장했다. 즉, 《군주론》이 권력이 어떻게 작동하는지를 경고하고 있으며, 나아가 민중에게 권력자로부터 권력을 빼앗는 방법을 가르치려는 의도를 품고 있다고 본 것이다. 심지어 이탈리아 공산당의 창설자 중 한 명이며 반파시즘을 외쳤던 정치인 안토니오 그람시Antonio Gramsci는 《군주론》이 프롤레타리아 권력을 바라는 책이라고 했고,

그람시의 정적이자 파시즘을 이끈 베니토 무솔리니Benito Mussolini도 《군주론》이야말로 '정치인들을 위한 편람'이라며 열광했다.

마키아벨리의 의도는 시대에 따라, 자신의 정치철학에 따라 다양하게 해석되었다. 그래서 비판도 찬양도 공존했다. 하지만 해석이 어떻든 그를 향한 관심만큼은 단 한 번도 꺼진 적이 없었다.

《군주론》을 읽다 보면 일상적으로 준수하는 도덕률로는 정치를 지배할 수 없다는 충격적인 개념을 맞닥뜨리게 된다. 당신이 이 개념을 어떻게 생각하든, 이 책을 다 읽고 나면 권력자들을 향한 시선이 이전과는 결코 같지 않을 것이다.

1494년 이탈리아 지도

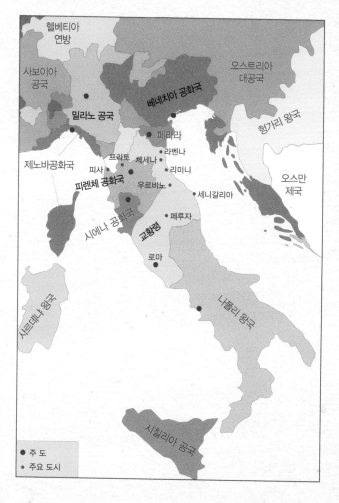

헬베티아
연방

사보이아
공국

오스트리아
대공국

밀라노 공국

베네치아 공화국

헝가리 왕국

제노바공화국

페라라

프라토
피사
피렌체 공화국

체세나
라벤나
리미니
우르비노
세니갈리아

오스만
제국

시에나 공화국

페루자
교황령

로마

사르데냐 왕국

나폴리 왕국

시칠리아 공국

● 주 도
• 주요 도시

차 례

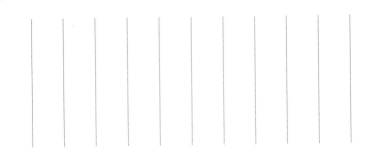

군주론

/

위대한
로렌초 데 메디치 전하께

군주의 호의를 구하는 이들은 보통 그들이 가진 것 중에서 소중히 여기는 것이나 군주가 특히 좋아하는 것을 군주께 드립니다. 그래서 군주는 보통 말, 무기, 금실 비단, 보석, 그리고 군주의 위엄에 걸맞은 장신구 따위를 받습니다. 저 또한 전하께 충성심의 징표를 보여드리려 합니다.

그러나 저는 최근에 일어난 일로 얻은 오랜 경험과 고대 역사에 관한 꾸준한 연구를 통해 더 소중하고 중요한 것이 있다는 것을 깨달았습니다. 그것은 위인들과 그들의 행적에 대한 지식이었습니다. 그래서 저는 그 지식들을 고찰하고 세심하게 분석한 끝에 얻은 모든 깨달음들을 이 작은 책에

담아 전하께 바치려 합니다.

이 선물은 전하께 바치기
에는 보잘것없습니다. 하지
만 이것만은 알아주셨으면 합
니다. 그것은 바로 제가 위험
과 불편의 오랜 세월을 거치
며 발견하고 깨우친 것들을
단 몇 시간 안에 이해하실 수
있도록 편한 글로 정리했다는

〈로렌초 2세 데 메디치의 초상〉
(1516), 라파엘로 산치오 작품

것이며, 그것이 제가 드릴 수 있는 가장 좋은 선물이라는 것
입니다. 만약 전하께서 알아주신다면 책 속에 담긴 경험들
도 기뻐할 것입니다.

저는 이 책을 치장하지도 않았고, 많은 작가가 사용하는
긴 문장들이나 젠체하고 가식적인 단어들이나 무관한 미사
여구, 기교 따위로 내용을 부풀리지도 않았습니다. 또 주제
가 되는 내용의 다양성과 진지함만으로 읽는 분을 만족시키
기를 바랐습니다. 무엇보다 전하께서 실로 비천한 지위의
사내가 군주의 통치술을 논하는 게 신분을 망각한 주제넘은

일이라고 생각지 않으시기를 바라고 있습니다.

풍경화를 그리는 화가가 계곡 아래로 내려가 산을 관찰하고 산에 올라 계곡을 내려다보듯 민중의 기질을 알기 위해서는 군주가 되어야 하며, 군주의 기질을 알기 위해서는 스스로 민중의 한 사람이 될 필요가 있습니다.

전하, 부디 이 작은 선물을 드리는 뜻을 헤아리시고 받아주시기를 간절히 바랍니다. 꼼꼼하게 읽어보신다면 전하께서 전하의 지위와 자질이 약속하는 위업을 이룩하게 되는 일이 제가 진정으로 소망하는 일임을 아시게 될 것입니다.

또한 전하께서 그 높은 자리에 계시다가 한번쯤 여기 이 낮은 곳을 내려다보시게 된다면 삶이 저를 얼마나 부당하게 대하는지도 아시게 될 것입니다.

니콜로 마키아벨리

제1장

/

국가의 유형과
정복방법

인간을 지배해온 모든 국가의 통치체제들은 공화국 아니
면 군주국이었다. 군주국은 통치자의 가문이 대대로 국가를
지배하는 세습 군주국과 새로이 탄생한 신생 군주국으로 나
눌 수 있다. 신생 군주국은 프란체스코 스포르차가 점령한
밀라노처럼 완전한 신생국가가 될 수도 있고, 에스파냐 국
왕이 점령한 나폴리 왕국처럼 정복을 통해 기존의 세습 군
주국에 통합되는 형태가 될 수도 있다.

이때 정복 군주는 새롭게 획득한 영토를 직접 지배할 수
도 있고, 반대로 자치의 자유를 누리게 해줄 수도 있다. 그
리고 영토를 정복하는 데에는 자국의 군대를 이용하기도 하

고, 타국의 군대를 이용하기도 한다. 물론 여기에는 행운 또
는 능력이 따라주어야 한다.

프란체스코 스포르차
Francesco Sforza(1401~1466)

〈프란체스코 스포르차의 초상〉(1460?)
보니파치오 벰보 작품

용병대장으로서 베네치아와 내통하여 군주를 쓰러뜨리고 밀라노
공작으로 거의 1세기 동안 밀라노를 통치함으로써 스포르차 가문
의 문을 열었다. 프랑스 같은 위협적인 국가들에 대응하기 위해
이탈리아반도 밖으로 광범위한 외교활동을 한 최초의 토착 이탈
리아 지배자였으며, 그의 통치하에서 밀라노 공국은 효율적인 세
금제도를 통해 막대한 이익을 발생시켰고, 그의 궁전은 르네상스
교육과 문화의 중심지가 되었다.
마키아벨리는 《군주론》에서 스포르차를 여러 차례 언급하는데,
능력이 출중한 통치자로 찬사를 보내기도 하고 용병군대를 사용
해서는 안 된다는 경고로서 언급하기도 한다. 한편 밀라노는 이탈
리아 도시국가 중에서 보기 드물게 공화제가 아닌 공국이었고, 메
디치 가문이 장악했던 피렌체는 공화제 도시국가였다.

제2장

/

세습
군주국

공화국에 대해서는 다른 곳[1])에서 충분히 다루었으므로
여기에서는 논하지 않겠다. 대신 앞서 언급한 점들을 고려
하여 군주국에 집중할 것이며, 어떻게 하면 각 유형의 국가
들을 가장 잘 통치하고 유지할 수 있는지를 논하고자 한다.

먼저 한 가문이 오랜 세월 동안 민중을 다스려 온 세습
군주국은 신생 군주국보다 훨씬 유지하기 쉽다는 점에 주목
해야겠다. 세습 군주국 군주가 할 일은 이전의 통치자들이

1) 《군주론》과 더불어 마키아벨리 정치사상에 있어서 양대 축을 이룬 《정략론政
略論》을 말한다.

세워둔 질서를 무너뜨리지 않는 일, 또 문제가 있을 때 상황에 맞게 정책을 가다듬는 일뿐이다. 평균적인 능력을 갖추고 있는 군주라고 가정했을 때 이것만 지킨다면 군주는 자신의 왕국을 평생 다스릴 수 있다. 오직 비범하고 압도적인 세력만이 그 군주를 자리에서 끌어내릴 수 있으며, 설사 권력을 빼앗기더라도 정복세력이 문제에 맞닥뜨릴 경우 그 즉시 손쉽게 되찾을 수도 있다.

이탈리아의 페라라 공국이 그 예다. 페라라 공국은 1484년에는 베네치아에게[2], 또 1510년에는 교황 율리우스 2세에게 짧은 기간 동안 점령당했다. 그러나 이 사건들도 페라라 공국을 굳건히 지배해온 통치자 가문을 몰아내지는 못했다.

권력을 물려받은 군주는 민중을 괴롭힐 이유나 필요가 새롭게 권력을 얻은 군주보다 적다. 때문에 민중에게 더 사랑받을 수 있다. 군주가 정도를 벗어나 스스로 미움을 살 행위만 하지 않는다면 민중도 그의 안녕을 바란다. 권력이 대를 이어 계속될수록 사람들의 기억은 옅어지고, 그와 동시

---

2) 페라라 영주 에스테 가문의 에르콜레 1세 때의 일이다

에 변화를 꾀할 동기도 흐려진다. 반대로 급격한 변화에는 언제나 또 다른 변화가 일어날 만한 여지가 남아 있기 마련이다.

율리우스 2세
Iulius II(재위 1503~1513)

〈미켈란젤로와 율리우스 2세〉(1620?)
아나스타시오 폰테부오니 작품

이탈리아어로 지율로Giulio, 영어로 율리오, 라틴어로 율리우스라 불렸던 제216대 교황이다. 군대의 힘을 바탕으로 이전 교황들이 폐허로 만든 교황령을 회복하는 일을 최우선 과제로 삼아 '교황령이 주도하는 이탈리아 통일'을 위해 정복전쟁도 불사했으며, 말년에는 오직 교회의 위엄에만 관심을 쏟았다. 때문에 프랑스의 이탈리아 지배를 막은 업적도 세웠으나 '전사 교황', '전쟁에 미쳐서 피에 굶주린 흡혈귀'란 비판도 받았다.

그러나 예술을 보는 안목이 뛰어나고 혁신적인 아이디어를 품을 줄 아는 교황이었다. 무덤장식을 위해 당시 〈피에타〉를 만들어 조각가로 명성을 날리고 있었던 미켈란젤로를 불렀고, 미켈란젤로의 스케치를 본 후 시스티나 성당의 천장화를 맡겼다. 그 결과 〈천지창조〉라는 걸작이 탄생했다.

제3장

/

복합형
군주국

신생 군주국일 경우 상황은 조금 더 까다롭다.

먼저, 완전한 신생국가가 아니라 기존의 군주국에 새로운 영토가 더해진 경우, 즉 복합적 형태의 군주국의 문제는 무엇보다 불안정하다는 것이다. 이 불안정은 신생 지배체제라면 피해갈 수 없는 문제점에 기인하는데, 그 문제점이란 민중이 스스로 운명을 바꿀 수 있다고 믿게 되는 순간부터 자신들이 지도자를 바꾸려 든다는 것이다. 이 때문에 민중은 무기를 들고 봉기한다. 하지만 이들은 이내 자신들의 생각이 틀렸으며, 상황이 나아지기는커녕 훨씬 더 악화되었음을 깨닫게 된다. 정상적이고 자연스러운 일이다.

〈제노바에 입성하는 루이 12세〉(1507)
장 부르디송 작품

　　문제는 군주에게도 있다. 바로 정복 군주가 그 땅에 살았던 민중에게 점령군으로의 난폭함을 보인다는 것이다. 끝없는 부당행위로 민중을 괴롭게 만드는 것이다. 또한 정복 군주는 정복의 과정에서 피해를 입은 모든 사람에게 적이 된다. 그렇다고 정복을 도왔던 이들과의 우정을 영원히 유지할 수도 없다. 그들이 기대했던 바를 결코 채워줄 수 없기 때문이다. 그럼에도 군주에게는 여전히 그들이 필요하다. 때문에 그들을 내치거나 강력하게 억누를 수는 없다.

　　군사적으로 월등한 점령군이라 하더라도 새로운 영토를 점령하려면 반드시 지역주민들의 지지가 필요하다. 프랑스 국왕 루이 12세가 밀라노를 빠르게 점령했다가 곧바로 잃고 만 것, 즉 원래 주인이었던 루도비코 공작이 자신의 군대만으로 도시를 수복할 수 있었던 이유가 여기에 있다. 바로 루이 12세에게 성문을 열어주었던 주민들이 자신들의 실수를 깨달은 덕분이었다. 루이 12세로부터 자신들이 바랐던 만큼의 이득을 얻지 못할 것과 새로운 국왕이 가하는 가혹한 조건들도 받아들일 수 없다는 것을 깨달았던 것이다.

물론 이처럼 반란이 일어났던 영토를 정복 군주가 또다시 빼앗는다면 같은 일이 반복될 가능성은 낮다. 반란을 경험한 군주는 한층 더 가차 없이 반역자들을 진압하고 의심 인물들을 추궁할 것이며, 방어체계의 취약한 부분들을 강화할 것이기 때문이다. 루이 12세도 마찬가지였다. 밀라노를 처음으로 점령했을 때에는 루도비코 공작이 국경 부근에서 약간의 무력을 행사하는 것만으로 격퇴되고 말았지만, 두 번째 점령 때에는 그의 군대를 무찌르고 이탈리아에서 몰아내기 위해 온 세계의 힘을 다 모아야만 했다[3]. 그 이유는 앞서 언급한 바와 같다. 어찌 되었든 결국 루이 12세는 두 번 모두 이탈리아에서 쫓겨났다.

프랑스가 최초의 패배를 겪은 이유는 앞서 논한 바와 같다. 이제 설명할 내용은 루이 12세가 왜 밀라노를 두 번이

---

[3] 교황 율리우스 2세를 주축으로 베네치아, 에스파냐, 신성로마제국, 영국, 스위스 등이 신성동맹을 맺어 프랑스의 루이 12세에게 대항했다. 신성동맹은 1512년 5월 밀라노에서 프랑스군을 몰아냈다.

나 잃었는지, 그가 취할 수 있었던 대응조치들로는 어떤 것이 있었는지, 그리고 이와 같은 상황에 마주한 군주가 자신의 점령지를 유지하기 위해 어떠한 선택을 해야 하는지가 되겠다.

따로 말할 필요도 없지만, 정복 군주가 자신의 왕국에 새로이 병합한 영토는 왕국과 지리적으로 같은 지역에 속하거나 같은 언어를 공유하는 곳일 수도 있고, 그렇지 않은 곳일 수도 있다. 언어를 공유하는 곳이라면 영토를 유지하기가 훨씬 더 쉽다. 특히 그곳 주민들이 자치의 자유를 누리는 데 익숙하지 않은 경우라면 더더욱 쉽다. 이전 군주의 가문을 숙청하는 것만으로 권력을 보장받기 때문이다. 관습에 중대한 차이가 없으므로 이후 영토 내 다른 모든 것들을 이전과 마찬가지로 지속시키기만 하면 민중은 상황을 묵묵히 받아들일 것이다. 오래전부터 프랑스 통치하에 있는 부르고뉴, 브르타뉴, 가스코뉴, 노르망디가 바로 그 예다. 이 지역들은 사용하는 언어가 약간의 차이가 있기는 하지만 풍습이 유사해서 쉽게 통합되었다.

이처럼 언어와 풍습과 제도가 유사한 지역을 정복한 군주는 두 가지를 우선순위에 두어야 한다. 첫째, 이전 통치자의 가문을 숙청하는 것이다. 둘째, 모든 법과 조세제도를 있던 그대로 유지하는 것이다. 그렇게 하면 획득한 영토와 본래 소유했던 영토는 오래 걸리지 않아 완전히 융합될 것이다.

그러나 언어와 풍습, 그리고 제도가 다른 지역을 점령하고 이를 유지하기 위해서는 상당한 행운과 수고가 따라야 한다. 이 경우에는 정복자인 새로운 군주가 직접 그 지역에 거주하는 것이 가장 효과적인 해결책이다. 안보를 강화해주고 새 영토를 보다 안정적으로 만들어주기 때문이다. 그리스를 점령했을 당시 오스만 제국의 술탄이 그랬다. 만약 술탄이 그리스에 머물지 않았다면 그가 점령상태를 유지하기 위해 취한 다른 모든 조치는 무용지물이 되었을 것이다.

군주가 현지에 머물면 일이 잘못되더라도 즉시 알아차리고 효율적인 대책을 곧바로 세우고 실행할 수 있지만, 멀리 떨어져 있으면 일이 터진 다음에야 알게 된다. 또 이런 경우 점령군이 민중을 함부로 약탈하는 것도 막을 수 있다. 민중이 자신들과 함께 살고 있는 새로운 군주에게 호소할 수 있기 때문이다. 새 군주에게 복종하고자 한다면 이는 민중의 입장에서 새 군주를 사랑할 이유가 된다. 만약 복종하기를 원치 않는다고 하더라도 이는 새 군주를 두려워할 이유가 된다. 영토 밖에서 기회를 노리는 세력들도 다시 한 번 생각하게 될 것이다. 결국 군주가 새로이 점령한 영토에 거주하게 되면 그 영토를 잃을 가능성이 매우 낮아지는 것이다.

또 다른 해결책은 중요한 거점에 주둔군4)을 위한 직할지를 건설하는 것이다. 직할지는 정복한 영토와 본국을 묶어주는 사슬역할을 한다. 만약 직할지가 없으면 점령지역 전역에 대규모의 보병대와 기병대를 배치해야 한다. 이는 직할지를 유지하는 데 드는 비용으로 비교할 바가 아니다. 직할지에 머물게 되는 주둔군들은 적은 비용으로 일대의 치안을 유지할 수 있다. 물론 이들에게 집과 땅을 빼앗긴 현지인들이 생기게 되지만, 이들은 점령지역 전체 인구에 비해 극소수일 뿐이다. 그나마도 빈곤해졌거나 다른 지역으로 흩어질 것이므로 군주에게 위해가 될 수도 없다. 또한 그 외 지역의 민중은 피해를 입지 않았으므로 조용히 살아갈 것이며, 동시에 자기 집이나 땅을 빼앗길 수도 있다는 두려움에

---

4) 고대 로마는 점령지의 핵심거점에 약 300명의 로마시민과 그들의 가족을 이주시켜 공동체를 이루게 하고, 이들로 하여금 주둔군으로서 점령지를 지키게 했다. 또한 이들은 식량공급을 위해 경작지를 마련하고 자급자족하게 했다. 때문에 이들 주둔군을 '농민을 뜻하는 라틴어 콜로누스colonus'에서 파생된 말, 콜로니아colonia라고 불렀다. 식민지를 뜻하는 콜로니colony의 어원이다.

절대로 선을 넘지 않으려 할 것이다. 주둔군 역시 비용이 적게 들며, 지극히 충성스럽다. 또한 일반 군인들과 달리 난폭하지 않아 토착 민중에게 피해를 끼치지 않을 것이다.

앞서 말했다시피, 직할지 건설로 인해 화가 난 몇몇 사람들은 이미 재산을 빼앗긴 난민 신세일 것이므로 저항할 수 없다. 이와 관련하여 주목해야 할 것은 '민중이란 다정하게 대해주거나 아니면 철저히 파멸시켜 버려야 한다'는 점이다. 무릇 인간이란 작은 모욕에는 반격하기 마련이다. 하지만 크게 짓밟히면 반격할 엄두를 내지 못한다. 그러므로 만일 누군가에게 해를 끼치겠다면 반발이나 복수가 걱정되지 않을 정도로 제대로 해야 한다.

한편 직할지를 건설하지 않고 점령군을 점령지역 전역에 배치하면 비용이 훨씬 많이 들 것이다. 새로운 영토에서 획득한 이익 모두를 방어에 쓸 수도 있다. 심지어 손해를 볼 수도 있다. 게다가 여기저기 옮겨 다니면서 숙소를 징발하는 군대는 영토 전체에 걸쳐 해를 입힌다. 결국 민심을 뒤흔들고 점령지역 민중 전부를 적으로 만들게 된다. 지금 당장은 고개를 숙이고 있다고 해도 이들은 언제고 복수할 수 있는 자들이다. 얻어맞았으나 아직 자신들의 땅 위에 서 있는 자들이다. 따라서 점령지를 유지하는 데에는 어느 면으로 보

아이톨리아의 위치
기원전 200년 제2차 마케도니아 전쟁이 발발하자 아이톨리아Aetolia는 로마공화정을 끌어들여 마케도니아에 대항해 승리했다. 그러나 그로 인해 로마의 영향력이 확대되었고, 결국 로마에 굴복하고 말았다.

나 일반 군대보다는 직할지의 주둔군이 유용하다고 하겠다.

다른 언어와 관습을 가지고 새로운 지역에 진입한 군주는 반드시 주변 약소국들의 맹주가 되어 보호자를 자청해야 한다. 동시에 강력한 힘을 가진 국가가 약해지도록 노력해야 한다. 특히 군주는 자신의 국가와 겨룰 만큼 강력한 세력이 점령지 안으로 뚫고 들어올 수 없도록 대비해야 한다. 충족되지 못한 야심이나 쓸데없는 두려움으로 불만을 품은 자들은 언제나 외세를 끌어들인다. 그리스에 로마인을 끌어들인 것도 아이톨리아 사람들이었다. 로마가 새로운 지역에 접근할 수 있었던 것 역시 그 지역 민중 일부의 초대가 있어서였다.

세상의 이치가 모두 그러하듯 어느 지역에 강력한 외부 세력이 침입해 왔을 때 힘이 약한 국가는 앞서 자신들을 억압해왔던 강대국에 대한 적개심 때문에 침입자를 지지한다. 침입자가 새로운 군주로서 큰 문제 없이 지지를 얻게 되는 것이다. 이때 군주가 주의할 것은 자신을 초대하고 지지했다고 해서 그들에게 너무 많은 세력과 권위를 부여해서는 안 된다는 것뿐이다. 또한 그들의 지지를 얻되 기본적으로는 군주 자신의 힘으로 강력한 이웃세력들을 몰아냈을 때 그 지역을 온전히 장악할 수 있다. 반면 새 군주가 이웃세력들과의 관계를 제대로 관리하지 못하면 곧 획득한 영토를 잃게 될 것이며, 영토를 유지하는 동안에도 온갖 문제와 적의에 맞서게 된다.

로마인들은 새로운 영토를 점령할 때마다 이 원칙들을 철저히 지켰다. 그들은 주둔군콜로니아를 보냈고, 이웃한 약소국가들과 우호적인 관계를 맺되 그들이 힘을 키우지 못하게 했으며, 강력한 이웃 국가는 공격해 힘을 약화시켰다. 그와 더불어 제3의 세력이 지역 외부에서 힘과 영향력을 키우지 못하게 감시하고 억눌렀다. 그리스에서도 이 원칙은 지켜졌다. 로마는 아카이아 및 아이톨리아와 좋은 관계를 맺었고, 마케도니아의 세력을 약화시켰으며, 안티오쿠스5)를 몰아냈다. 아카이아와 아이톨리아에게 도움은 받아도 새로

---

5) 발칸반도와 에게해를 사이에 두고 마주하고 있는 소아시아(현재의 터키) 남부에 있던 셀레우코스 제국의 안티오쿠스 4세Antiochus IV를 말한다.

이탈리아반도
발칸반도
로마
마케도니아
흑해
이피로스
셀레우코스
아이톨리아
에게해
아카이아
지중해

기원전 200년경 발칸반도와 주변 정세

운 영토를 주는 따위의 보상은 주지 않았으며, 마케도니아의 필리포스 5세Philip V가 청한 우호 관계도 그 세력을 약화시킨 다음에야 응해주었다. 또 안티오쿠스가 전력을 다했음에도 불구하고 로마는 결코 이 지역을 조금도 양보하지 않았다. 로마인들은 현명한 군주라면 해야 하는 일을 했을 뿐이다. 현재의 위협에만 대처하는 것에 만족하지 않고, 나아가 가능한 모든 수단을 동원하여 미래의 문제들까지 내다보고 대처했던 셈이다.

문제는 사전에 알아차려야 쉽게 처리할 수 있다. 방치하고 좌시하고 있다가는 돌이킬 수 없는 지경에 이르고 만다. 의사들은 폐결핵에 대해 이런 말을 한다. 초기단계에서는 비록 발견하기는 어렵지만 일단 발견하면 쉽게 치료할 수 있다고 말이다. 반면 병이 깊어진 후에는 발견하기는 쉬워도 치료하기는 어렵다고 한다.

국가의 일도 마찬가지다. 총명하고 민첩한 군주일수록

문제를 사전에 파악하는데, 문제를 사전에 파악하면 빠르게 해결할 수 있다. 반면 모두가 알아챌 만큼 문제가 커진 뒤에는 그 어떤 조치도 소용이 없다. 그런 면에서 로마인들은 위험을 사전에 알아차리는 능력을 갖추고 있었고, 어떻게 대응해야 하는지를 알고 있었다.

또한 그들은 내부에 문제가 있다고 해서 전쟁을 미루지 않았다. 장기적으로 보았을 때 전쟁은 피할 수 없으며, 미루면 미룰수록 적에게 유리해진다는 것을 잘 알고 있었던 것이다. 그래서 로마인들은 선수를 쳐서 필리포스 및 안티오쿠스와 그리스 땅에서 싸웠다. 이탈리아 본토에서 싸우지 않기 위해서였다. 또 두 번의 전쟁6)을 모두 미룰 수 있었으나 그렇게 하지 않았다. 그들은 우리 시대의 현인들이 말하는, "안심하라, 시간은 그대의 편이다"라는 말보다 자신의 선견지명과 기백을 믿었다. 시간은 모든 것을 재촉하며 상황을 좋게 만들지만 나쁘게 만들기도 쉽다는 것을 알았던 것이다.

다시 프랑스 국왕의 사례로 돌아가자. 프랑스 국왕은 어

---

6) 제1, 2차 마케도니아 전쟁

떤 조치들을 취했을까? 여기에서의 프랑스 국왕은 샤를 8세가 아니라 그의 후임이었던 루이 12세를 의미한다. 샤를 8세보다 루이 12세가 이탈리아의 영토를 보다 오래 점령한 탓에 그가 취한 방법들을 살펴보기가 더 쉽기 때문이다. 또한 루이 12세를 살펴보는 과정을 통해 그가 언어나 풍습이 본국과 다른 지역을 점령하고 유지하고자 할 때 군주가 취해야 하는 일과는 정반대로 행동했음을 알게 될 것이다.

루이 12세를 이탈리아로 끌어들인 것은 베네치아의 야심이었다. 베네치아인들은 루이 12세가 롬바르디아[7]의 절반을 점령하는 틈을 이용해 나머지 절반을 차지하려 했던 것이다. 루이 12세가 베네치아의 야심에 동의한 것을 비판하고 싶지는 않다. 이탈리아에 근거지를 구축하려던 루이 12세였지만 당시 그에게는 이 지역에 우호세력이 없었다. 게다가 1494년 이탈리아 전쟁 당시 샤를 8세 군대의 야만적인 약탈 때문에 모든 성문이 굳게 닫혀 있었다. 때문에 가능한 한 모든 동맹을 받아들이는 수밖에 없었다. 만약 다른 부분에서 실책을 범하지만 않았더라도 루이 12세나 베네치아의 계획은 끝내 성공했을지도 모른다.

---

7) 밀라노를 주도로 하는 이탈리아 북부지방

아무튼 롬바르디아를 정복함으로써 루이 12세는 샤를 8세가 실추시켰던 명성을 한방에 회복했고, 제노바로부터 항복을 받아내고 피렌체로부터 동맹제안을 받았다. 만토바 후작, 페라라 공작, 볼로냐의 벤티볼리오, 포를리의 카테리나 스포르차, 파엔차·페사로·리미니·카메리노·피옴비노의 영주들, 그리고 루카 공화국, 피사 공화국, 시에나 공화국이 모두 우방이 되고자 줄을 섰다. 그제야 베네치아인들은 자신들이 얼마나 경솔한 짓을 했는지 깨달았다. 롬바르디아의 영지 두어 곳을 얻으려다 루이 12세에게 이탈리아의 3분의 1을 넘겨주고 말았던 것이다. 이제 루이 12세는 앞서 강조했던 정복자로의 규칙들을 따르고 모든 우방의 안전을 보장해주기만 하면 되었다. 그에게는 수많은 우방이 있었으며, 약소한 이 우방들은 하나같이 베네치아나 로마를 두려워하고 있었기 때문에 프랑스 편에 서지 않을 수 없었다. 결국 루이 12세는 이들 우방의 도움을 받아 강대국들과 맞설 수 있었다.

그런데 루이 12세는 밀라노에 입성하자마자 전과는 전혀 다른 행동을 취했다. 먼저 그는 교황 알렉산데르 6세의 이탈리아 동부 로마냐 침공을 도왔다. 하지만 이 결정으로 자신의 우방과 자신에게 도움을 청하러 오던 자들을 잃게 될 것이며, 영적 권력만으로도 이미 막강한 권위를 갖고 있던 교황에게 세속적 지배권까지 더해줌으로써 로마교회의 권력이 강화될 것이라고는 예측하지 못했다. 이렇게 첫 번째 실책을 범한 루이 12세는 점점 더 깊이 나락으로 빠져들었다. 결국 토스카나 지방의 지배자가 되겠다는 알렉산데르 6세의 야망을 막기 위해 스스로 이탈리아 내륙 깊숙이 내려갈 수밖에 없었다. 이런 상황에서 루이 12세는 나폴리 왕국까지 점령하고자 했다. 이를 위해 그는 에스파냐 국왕과 나폴리 왕국을 분할하기로 합의했다. 이 합의 이전까지만 하더라도 루이 12세는 이탈리아에서 가장 강력한 세력이었다. 그러나 에스파냐와의 합의는 프랑스와 대등한 정도의 강력한 세력이 이탈리아반도에 하나 더 진입하는 결과를 낳았다. 이는 루이 12세에게 불만을 품은 자들이나 점령지 내에 있던 야심가들에게 의지할 만한 누군가가 생겼다는 의미였다. 게다가 루이 12세는 밀라노 점령 후 허수아비 왕을 내세울 수 있었음에도 자신을 몰아낼 수 있을 만큼 강력한 자를 그 자리에 앉혔다.

더 많은 영토를 정복하고자 하는 욕망은 실로 자연스럽고 평범한 것이다. 능력이 있는 자가 영토를 더 가지려 하면 칭송받는다. 적어도 비난받지는 않는다. 그러나 능력도 없으면서 온갖 희생에도 개의치 않고 밀고 나가는 것은 잘못된 일이며 비난받아 마땅하다. 루이 12세는 자신의 병력만으로 나폴리 왕국을 점령할 수 있는 상태였다면 그렇게 했었어야 했다. 그렇게 할 수 없는 상태였다고 하더라도 다른 국왕과 영토를 나누어 가져서는 안 되었다. 롬바르디아를 베네치아인과 나누어 가진 일은 이탈리아 진출의 발판을 마련했다는 점에서 이해한다고 해도, 나폴리를 에스파냐와 나눈 일은 불필요한 일이었으므로 실책이라 하겠다.

결국 루이 12세는 다섯 가지 실책을 저질렀다. 약소국들을 제거했고, 로마교회의 세력을 신장시켰으며, 강력한 외세를 끌어들였고, 획득한 영토에 가서 거주하지 않았으며, 그 전략지에 주둔군을 배치하지도 않았다. 그렇다고 하더라도 만일 그가 여섯 번째 실책을 저지르지만 않았다면, 즉 베네치아 공화국을 침범하지 않았다면 앞선 실책들이 있었다고 해도 살아생전에 큰 타격을 입지는 않았을 것이다. 물론 교황의 권력을 키워주고 이탈리아에 에스파냐를 끌어들이기 전이라면 베네치아의 콧대를 꺾는 일은 꽤 합리적이며 필수적인 일이었을 것이다. 그러나 일이 벌어진 후에는 절대로 베네치아를 공격해서는 안 되었다. 베네치아가 군사적으로 강성했던 동안은 그 누구도 프랑스로부터 롬바르디아를 빼앗으려 하지 않았다. 베네치아도 이 지역을 누군가 공격하게끔 놔두지는 않았다. 다른 국가들 역시 굳이 롬바르디아를 프랑스로부터 빼앗아 베네치아에게 넘겨주고 싶어하지 않았다. 프랑스와 베네치아 양국과 동시에 맞설 만한 용기도 없었을 것이다.

혹자는 루이 12세가 전쟁을 피하려고 로마냐를 알렉산데르 6세에게, 나폴리 왕국을 에스파냐에 던져 주었다며 반박할 수도 있다. 이런 반박에 대해서는 앞에서 한 말을 반복해야겠다. 전쟁을 회피하려고 문제를 방치해서는 안 되고, 피할 수 없는 전쟁을 미루거나 회피하는 것은 적만 유리하게 만든다는 것이다.

어떤 사람은 루이 12세가 자신의 이혼을 관철시키고 루앙의 대주교를 추기경으로 만들기 위해 그 대가로서 교황 알렉산데르 6세의 베네치아 공격을 묵인했다고도 한다. 여기에 대해서는 뒷부분 '군주와 그의 약속들[8]'에서 답하겠다. 결과적으로 루이 12세는 현명한 군주가 영토를 점령한 뒤 그것을 유지하기 위해 취해야 하는 조치들을 취하지 않

8) 18장

았기 때문에 롬바르디아를 잃고 말았다. 이는 전혀 이상한
일이 아니다.

　사실 나는 교황 알렉산데르 6세의 아들이자 발렌티노 공
작으로 불렸던 체사레 보르지아가 로마냐를 침공했을 당시

알렉산데르
6세(왼쪽)와
체사레 보르지아

알렉산데르 6세Alessandro VI(1492~1503)는 비대해진 로마교회의
개혁을 꾀했던 개혁자라는 평가와 호색과 탐욕으로 얼룩진 최악
의 교황이라는 평가를 동시에 받는다. 명목상 교황의 통치 아래
있었지만 실질적으로는 영주가 통치권을 갖고 있었던 로마냐(리
미니, 체세나, 라벤나 지역 일대) 지방에 대한 군사행동을 실현했다.
그의 아들 체사레 보르지아Cesare Borgia(1475~1507) 역시 뛰어난
군사전략과 외교술 및 정치감각으로 한 시대를 뒤흔들었던 인물
이라는 평가와 과감하고 잔인한 행동으로 르네상스 시대의 냉혈
한이라는 평가가 엇갈린다. 마키아벨리는 체사레 보르지아에게
서 군주의 모범을 찾았다.

낭트에서 루앙의 추기경과 이 일을 논의한 적이 있었다. 추기경은 나에게 "이탈리아인들은 전쟁에 대하여 전혀 모른다"고 했다. 이에 나는 "프랑스인들은 정치에 대하여 아무것도 모르며, 만일 알았더라면 교황권이 그토록 강력해지도록 놔두지 않았을 것"이라고 말했다. 그리고 훗날 밝혀졌듯, 프랑스가 몰락한 것은 프랑스 덕분에 이탈리아 내에서 세력을 얻게 된 두 국가, 즉 로마교회와 에스파냐 때문이었다.

여기에서 우리는 항상 혹은 거의 항상 유효한 일반원칙 하나를 추론할 수 있다. 나 아닌 다른 군주가 강성해지게끔 돕는 일은 곧 자기 자신의 몰락을 준비하는 것과도 같다는 것이다. 왜냐하면 새로운 세력을 일으키기 위해서는 누군가의 재능이나 군사력이 필요한데, 일단 도움을 받은 후에는 그 두 가지를 모두 위협으로 여기기 때문이다.

제4장

알렉산드로스 대왕 정복지 다리우스 왕국은 왜 대왕 사후에도 반란을 도모하지 않았는가

지금까지 새롭게 획득한 영토를 유지하기가 얼마나 힘든지를 살펴보았다. 때문에 알렉산드로스 대왕Alexandros III이 단기간에 아시아를 정복하고 승리를 마무리한 지 얼마 지나지 않아 세상을 떠났을 때 일어났던 일들은 놀랍게 보일 수도 있다. 점령지 전역에서 반란이 일어났을 거라고 생각하는 게 오히려 상식적이다. 하지만 알렉산드로스 대왕의 뒤를 이은 후계자들은 개인적인 야망으로 영토 쟁탈전을 겪었을지언정 선왕이 이룬 업적을 이전과 마찬가지로 유지했다. 어떻게 그것이 가능했을까?

이 질문에 대답하기 위해서는 먼저 기록으로 남아 있는

모든 군주국이 두 가지 방식 중 하나로 통치되었음을 알아야 한다. 그 하나는 군주와 신하들을 통한 방식으로서 이때의 신하들은 군주가 국정운영을 위해 임명한 자들이다. 다른 하나는 군주와 봉건제후들을 통한 방식으로서 이때의 제후들은 군주의 임명이 아니라 세습으로 지위를 확보한 자들이다. 이런 제후들은 자기만의 영토와 민중을 가지고 있고, 그 영토 안에 사는 민중은 군주가 아닌 제후를 주인으로 여기고 그에게 충성을 바친다. 반면 군주와 신하들을 통해 지배되는 국가에서는 군주의 권위는 절대적이다. 군주 위에는 아무도 있을 수 없다. 하지만 이런 경우 민중은 복종은 하지만 마음까지 바치지는 않는다.

이 두 가지 통치형태의 대표적인 사례로는 최근의 오스만 제국과 프랑스를 들 수 있다. 오스만 제국의 전 영토는 한 명의 통치자, 즉 술탄이 다스리며 술탄을 제외한 모두가 그를 섬긴다. 술탄은 자신의 왕국을 산자크sanjak라는 주州로 나누고 관리들을 파견해 다스리는데, 자신의 판단 여하에 따라 관리들을 임명하고 해고한다. 반면 프랑스 왕은 수많은 봉건제후들에게 둘러싸여 있다. 이 제후들은 먼 옛날부터 이어온 권리를 가지고 있고, 자신들만의 민중에게 인정받고 사랑받는다. 또한 각 제후는 고유한 특권을 가지고 있는데, 왕도 위험을 무릅써야만 그 특권을 빼앗을 수 있다. 이런 특징들을 고려했을 때 오스만 제국이 정복하기는 어렵지만 일단 정복하면 유지하기 쉽다는 점을 명백하게 알 수 있다. 반면 프랑스는 정복하기는 다소 쉽지만 유지하기는 매우 어려울 것이다.

오스만 제국 같은 나라를 정복하기 어려운 이유는 당신을 끌어들여 줄 제후가 없기 때문이며, 침입을 쉽게 만들어 줄 반란도 기대하기 어렵기 때문이다. 이는 앞서 설명한 통치형태 때문인데, 모든 민중이 군주의 종복으로서 완전한 예속관계에 있으므로 신하들을 타락시키기도 힘들다. 만에 하나 매수하는 데 성공한다 하더라도 전 지역의 민중에게 지지받기가 어렵다. 그러므로 오스만 제국 같은 국가를 공격하려는 자는 먼저 적이 대동단결하여 저항한다는 것을 염두에 두어야 하며, 적진 내부에서 반란이 일어나기를 기대하지 말고 온전히 자기 병력에 의존해야 한다.

그러나 일단 적을 이기고 궤멸시켜 다시는 재건할 수 없게 만들었다면 남은 것은 이전 군주와 그의 가문뿐이다. 그들마저 제거하고 나면 민중에게는 더는 충성을 바칠 존재가 없다. 이제 정복자인 당신을 위협할 자는 없다. 전쟁 전 그 누구의 도움도 바랄 수 없었던 것처럼, 전쟁에서 승리한 후에는 수변의 그 누구도 위협이 되지 않는다.

반면 프랑스식 통치형태를 갖춘 나라에서는 정반대 현상이 나타난다. 여기에는 언제나 군주에게 불만을 품고 변화를 꾀하는 자들이 있기 마련이다. 따라서 이런 자 한두 명만 포섭해도 된다. 그들은 그 나라로 들어갈 발판을 마련해주고 승리할 수 있도

〈알렉산드로스 대왕을 가르치는 아리스토텔레스〉(1895), 장 레옹 제롬므 페리 작품
고대 그리스 북부의 왕국 마케도니아의 아르게아다이 왕조 제26대 군주로 발칸반도에서 인더스강에 이르는 대제국을 건설했다. 어린 시절 아리스토텔레스에게 교육을 받았다고 한다.

록 도와줄 것이다. 그러나 일단 정복한 후 유지하고자 할 때에는 처음부터 끝까지 적이었던 제후는 물론이고 처음 한편이었던 제후들로 인해 온갖 종류의 어려움을 겪게 된다. 이런 경우 군주의 혈족들을 제거하는 것만으로는 충분치 않다. 상황이 허락하는 즉시 권력을 장악할 제후들이 언제나 존재하기 때문이다. 그렇다고 그들 모두에게 원하는 바를

알렉산드로스 대왕 때의 제국

줄 수도, 그들 모두를 제거할 수도 없다. 결국 그들은 반란을 일으킬 기회를 얻는 즉시 들고일어날 것이며, 정복자는 획득했던 영토를 잃게 될 것이다.

이제 본론으로 돌아가서 다리우스 왕국의 경우를 보자. 다리우스 왕국의 통치형태는 오스만 제국의 그것과 유사하다. 때문에 알렉산드로스 대왕은 다리우스 왕국의 전 군대와 정면충돌을 할 수밖에 없었지만, 이후 다리우스 3세 Darius III까지 죽고 나자 앞서 말한 이유들로 인해 안정적으로 지배권을 유지할 수 있었다. 만약 알렉산드로스 대왕 사후 그의 후계자들이 통합을 이루었더라면 이 지역을 문제없이 계속 지배할 수 있었을 터였다. 후계자들의 문제점은 그들 스스로 시작한 내분이 유일했기 때문이다.

이러한 현상은 프랑스식 통치형태를 갖춘 국가들에서는 기대할 수 없다. 예를 들어 에스파냐, 갈리아, 그리스에서 로마 제국에 대한 반란이 잦았는데 그 이유 역시 그 지역이 내부적으로 수많은 군주국으로 나뉘어 있기 때문이었다. 로마 제국은 민중이 이전 군주, 즉 제후에게 바쳤던 옛 충성심을 기억하는 동안 절대로 그곳을 완전히 지배할 수 없었다. 물론 로마 제국은 그 지역의 확고한 지배자가 되었다. 하지만 그것은 로마 제국의 세력이 강화되고 통치가 지속됨에 따라 전 군주에 대한 민중의 충성심이 약해진 다음이었다.

실제로 로마에서 내전이 일어났을 때 참전한 총독들은 각자가 다스리던 속주를 자기편으로 하여 싸움에 끌어들였는데, 이것이 가능했던 이유는 각 지역의 토착 귀족가문이 멸족한 이후 민중이 인정했던 권위자는 로마 총독이 유일했기 때문이다. 이 모든 것들을 고려한다면 아시아 정복지를 유지하는 일이 알렉산드로스 대왕에게는 얼마나 쉬웠는지, 또 획득한 영토를 유지하는 일이 필리포스 5세나 여타의 군주들에게는 얼마나 어려운 일이었는지 이해가 되고도 남는다.

제5장

본래 자치를 누렸던
도시나 국가는
어떻게 다스려야 하는가

점령한 지역이 군주 없이 자치하는 데 익숙하고, 민중만의 법에 따라 자유롭게 산 곳이라면 그 지역을 지배하는 데에는 세 가지 방법이 있다. 첫째는 완전히 파괴해버리는 것이고, 둘째는 정복 군주가 직접 그곳으로 가서 거주하는 것이며, 셋째는 그들의 법을 인정하되 조세를 바치도록 하고 소수의 지역인사들로 구성된 작은 정부를 설치해 중앙정부와 우호적인 관계를 유지하는 것이다.

지역인사들에 의한 정부는 정복 군주에 의해 구성되었기 때문에 정부 구성원들은 정복 군주의 지지 없이는 살아남지 못하리라는 점을 잘 알고 있다. 때문에 자신의 지위를 지키기 위해 할 수 있는 모든 일을 하려 한다. 완전히 파괴하지 않겠다면 본래 자치를 누렸던 도시를 통치하는 데 지역주민들의 도움을 받는 것만 한 방법은 없다.

스파르타와 로마 제국의 사례들을 살펴보자. 스파르타인들은 아테나이와 테바이를 통치할 때 소수의 지역인사들로 구성된 정부를 세워 통치했으나 결국에는 그 도시들을 잃고 말았다. 반면 로마 제국은 카푸아, 카르타고, 누만티아를 폐허로 만들어버림으로써 영토를 유지했다. 그런데 그리스만은 자치를 허용하고 그리스인들의 법에 따라 살도록 했다. 스파르타인들과 거의 비슷한 방식으로 그곳을 통치하고자한 것이다. 결과는 실패였다. 결국 통치권을 유지하기 위해 상당수의 도시국가를 파괴해야만 했다.

사실 점령한 지역에 대한 통치권을 유지하는 가장 확실한 방법은 그곳을 파괴하는 것이다. 만일 자치에 익숙한 도시를 정복한 후 파괴하지 않는다면 그들로 인해 정복 군주가 파괴될 위기에 직면할 것이다. 정복지의 반란은 옛 자유, 옛 제도와 다르다는 명목 아래 일어난다. 점령당한 기간이 오래되었든 오래되지 않았든 상관없다. 점령당한 동안 얼마나 많은 혜택을 받았는지와도 관계없다. 그들의 자유와 전통이 완전히 잊히지 않았다면 정복 군주가 어떻게 대하든 어떤 조치를 취하든 관계없이 그들은 기회가 올 때마다 옛 자유와 옛 전통을 위해 들고일어날 것이다. 수백 년 동안 피렌체의 지배를 받아왔던 피사[9]가 그랬던 것처럼 말이다.

군주의 지배가 강력했던 도시에서 군주의 가문이 완전히 제거되면 민중에게는 여전히 복종의 습성이 남아 있음에도 따를 수 있는 존재가 없다. 그렇다고 그들 사이에서 새로운 지도자를 선출할 수도 없고, 지도자 없이 자유로이 살 수도 없다. 때문에 반란을 일으키는 데 더 오랜 시간이 걸리고, 정복 군주 입장에서도 그들을 회유해 충성심을 끌어내기가 더 쉽다.

반면 공화정치를 해온 도시의 경우에는 더 큰 생명력, 더 많은 증오, 복수에 대한 더 강렬한 목마름이 있다. 옛 자유에 대한 기억은 잊히지 않으며 그들을 가만히 놔두지도 않는다. 이런 때에는 그곳을 산산이 부숴버리거나 정복 군주가 그곳에 가서 직접 통치하는 것만이 유일한 해결책이다.

---

9) 피사는 1405년 이래 피렌체 지배를 받아왔으나 1494년에 프랑스를 등에 업고 반란을 일으켰다.

제6장

자신의
힘과 능력으로 획득한
새로운 군주국

지금부터는 군주와 정부형태가 완전히 새로운 국가에 관해 이야기해보려 한다. 그 과정에서 내가 너무나 인상적인 사례들을 인용하더라도 놀라지 않기를 바란다.

사람들은 거의 언제나 모방을 통해 나아가고 다른 사람의 발자취를 따르지만, 선인先人의 행적을 그대로 답습하거나 그 능력을 완벽히 재현할 수는 없는 게 사실이다. 그러므로 분별 있는 사람이라면 진정으로 위대한 사람, 정말로 모방할 만한 가치를 지닌 사람이 개척한 길을 따라나설 것이며, 그리하여 같은 수준에 이르지는 못한다고 하더라도 최소한 그 위인의 탁월함을 어느 정도 닮게 된다. 이는 마치 자기 활의 한계를 아는 영리한 궁수가 목표물이 너무 멀리 떨어져 있음을 감지하고 평소보다 좀 더 높은 지점을 겨냥하는 일과 같다. 궁수는 정말로 화살이 그만큼 높이 가기를 바란 게 아니라 그 화살이 목표물에 닿기를 노린 것이다.

그러므로 군주가 어느 곳을 점령했을 때 그곳을 다스리는 게 쉽거나 어려운 정도는 전적으로 군주의 능력과 결함에 비례한다. 군주가 아닌 자가 군주로 거듭나기 위해서는 능력과 행운이 필요하고, 그 요소들이 다수의 중대한 곤경들을 부분적으로 상쇄시킨다. 그렇지만 행운에 크게 의존하지 않았던 자들이 더 오래가기는 했다. 새로운 군주의 이점은 또 있다. 바로 이전에 다른 영토를 소유한 적이 없으므로 새로운 영토에서 살게 된다는 점이다.

행운보다는 자신의 능력만으로 군주가 된 자들도 있는데, 가장 인상적인 인물들로는 모세Moses, 키루스, 로물루스, 테세우스 등이 꼽힌다. 그중 모세는 하나님이 주목하셨다는 점에서 존경받아 마땅하지만 단지 신의 명령을 행한 것뿐이므로 길게 이야기하지 않겠다. 여기에서는 키루스 등 왕국을 획득하고 건국한 인물들만 살펴보겠다. 그들은 모두 존경받아 마땅하며, 그들 각자가 취한 행동들과 그들이

(왼쪽) **〈로물루스와 레무스의 발견〉**(1617), 루벤스 작품
로물루스Romulus는 영아 때 버려져 늑대의 젖을 먹고 자랐고, 후에 로마를 건국했다는 신화 속 인물이다.

(가운데) **키루스**Cyrus **2세**(재위 BC.559~BC.530)는 '고레스'라는 이름으로 성경에 19회나 등장하며 메디아, 리디아, 신바빌로니아, 박트리아 등을 정복하고 페르시아 제국의 영토를 크게 확장했다.

(오른쪽) **테세우스**Theseus는 고대 아테나이의 왕이자 페르세우스, 헤라클레스와 같이 시조영웅이다. 아테나 여신의 후원을 받고 미노스 섬의 미노타우로스를 제압한 것으로 유명하다.

세운 제도들이 모세가 하나님의 말씀을 받들어 행했던 일들과 크게 다르지 않음을 알게 될 것이다. 그리고 이내 운명은 그들에게 첫 번째 기회를 주는 역할만 했다는 것을 알게 될 것이다. 그들은 재료를 부여받았고, 그것을 원하는 형상으로 빚어낼 기회를 얻었던 것이다. 만약 이 기회가 없었다면 그들이 가진 재료, 즉 재능은 쓸모없는 것이 되었을 것이다. 물론 재능이 없었다면 기회는 헛되이 사라져 버렸을 것이다.

이런 의미에서 이집트에 살던 이스라엘 민족이 노예로서 핍박받지 않았다면, 그래서 노예로서의 삶에서 벗어나게 해줄 지도자가 필요하지 않았다면 아무도 모세를 따라나서지 않았을 것이다. 마찬가지로 태어나자마자 버려져 알바롱가를 떠나야 했던 신세가 아니었다면 로물루스는 로마의 건국자가 될 수 없었을 것이다. 또한 만일 키루스가 마주한 페르시아인들이 메디아의 점령통치에 대하여 봉기할 준비가 되어 있지 않았더라면, 또 메디아인들이 오랜 기간의 평화를 거치면서 해이하고 유약해진 상태가 아니었더라면 그는 그만큼의 업적을 달성하지 못했을 것이다. 테세우스 역시 아테나이인들이 처음부터 패배해 뿔뿔이 흩어졌다면 그의 자질을 드러낼 일은 없었을 것이다. 기회는 그들의 성공으로 가는 길을 터주었고, 그들의 능력은 기회를 알아채고 붙잡았다. 그 결과 그들의 국가에 영광과 더 큰 행운이 돌아갔다.

자신의 능력으로 권력을 획득한 군주는 국가를 건립할 때에는 온갖 어려움에 부딪히지만, 일단 건립만 하면 통치권을 제법 쉽게 유지할 수 있다. 이들에게 어려운 일이란 건립된 국가의 통치체제를 수립하는 것이며, 이를 안전하게 보장하기 위해서는 새로운 행정제도와 절차를 도입해야 한다는 것이다.

여기에서 우리는 새로운 통치체제를 도입하는 일보다 더 준비하기 어렵고, 실패할 가능성이 높으며, 밀고나가기에 위험한 일은 없다는 점을 명심해야 한다. 변화를 일으키려는 자는 구체제 속에서 잘살던 사람들을 모두 적으로 돌리게 된다. 또 새로운 체제로 이익을 얻게 될 사람에게도 전폭적인 지지를 받기가 어렵다. 그 이유는 새로운 체제와 법을 소극적으로 대하기 때문이며, 부분적으로는 새로운 체제에 대한 의심이 있기 때문이다. 변화를 확실하게 경험하기 전에는, 즉 확신이 서기 전에는 그 누구도 변화를 진정으로 신뢰하지 않는 법이다. 그러므로 새로운 체제에 반대하는 자들은 기회가 오는 즉시 선제공격을 가하고, 지지자들은 반쪽짜리 저항만을 함으로써 결국 군주의 지위를 위태롭게 한다.

이 문제를 더 잘 이해하기 위해서는 다음과 같은 질문을 던져 보아야 한다. 바로 '지도자가 자기 자신의 능력만으로 개혁을 일으키려 하는가, 아니면 다른 사람의 지지에 의존하는가' 하는 질문이다. 이는 곧 '제3자의 도움 없이 목적을 이룰 수 있느냐 없느냐'의 문제다. 만일 도움을 청해야 하는 상황이라면 그 결과는 어디에도 이르지 못한 채 실패로 이어질 것이다. 그러나 스스로의 힘으로 계획대로 추진해나가는 상황이라면 심각한 위험에 처할 가능성은 적다. 이것이 바로 무력을 갖춘 예언자는 언제나 성공하지만 비무장 예언자는 언제나 패배

〈사보나롤라의 초상〉(1524)
모레토 다 브레시아 작품
지롤라모 사보나롤라(1452~1498)는 이탈리아의 도미니쿠스회 수도사이자 종교개혁가로 전제군주들과 부패한 성직자들에 맞서 싸우다 순교했다.

하는 이유다. 설상가상으로 일반 대중의 심리는 언제나 오락가락한다. 민중에게 무언가를 설득시키기는 쉽지만, 그 설득된 상태를 유지하기는 어렵다. 그러므로 민중이 더 이상 군주를 믿지 않더라도 군주는 믿도록 강제할 수 있는 위치에 있어야만 한다. 만일 모세, 키루스, 테세우스, 그리고 로물루스가 무력을 가지고 있지 않았더라면 민중이 오랫동안 그들의 법을 존중하게끔 만들지는 못 했을 것이다. 오늘날 우리는 지롤라모 사보나롤라에게 어떠한 일이 일어

났는지를 보았다. 민중이 사보나롤라를 더 이상 믿지 않기로 하자 그는 자신의 개혁안과 함께 사라졌다. 그에게는 애초부터 그를 믿었던 사람들을 유지할 방책도, 회의론자들을 이해시킬 방책도 없었던 것이다.

변화를 꾀해야 하는 새로운 군주라면 거대한 장애물과 위험요소들을 처리해야만 하는데 대체로 초기에 해결해야 하고, 반드시 자신의 능력으로 그것을 극복해야 한다. 그런 다음 그 과정에서 반대했던 자들을 모두 제거한다면, 그리하여 민중이 그를 존경하고 예찬하기 시작한다면 그는 안전하게 권력을 유지할 뿐 아니라 존경과 번영으로 빛나는 생애를 누리게 될 것이다.

히에론 2세의 은화
(재위 BC.270~BC.216?)

앞서 네 명의 비범한 지도자들을 언급했지만 이번에는 그보다 조금 덜 중요한 인물, 시라쿠사의 히에론 2세에 대하여 논해보고자 한다. 덜 중요하다고는 했으나 그는 다른 위인들과 마찬가지로 능력을 갖춘 인물로 여러 범주에서 본보기가 될 만하다. 그는 본래 평범한 시민이었지만 끝내 시라쿠사의 왕이 되었다. 그에게 행운은 초기에만 그 역할을 했다. 카르타고의 위협을 받던 시라쿠사인들이 신망이 높았던 그를 군사령관으로 선출한 것이 그것이다. 이후 큰 성공을 거두고, 그 결과 왕위에까지 오른 것은 행운이 아니라 그의 능력 덕분이었다.

사실 그는 일반 시민으로서도 너무나 유능했다. 그가 '왕이 될 만한 자질 중 국가 이외의 모든 것들을 갖췄다'고 쓴 사람도 있었다. 왕이 된 히에론 2세는 기존의 군대를 해산시키고 새로운 군대를 소집했으며, 오래된 동맹을 깨고 새로운 동맹을 구축했다. 자신만의 병사들과 자신만의 동맹들이 보내는 지지를 갖게 되었다. 비로소 무엇이든 그가 원하는 바를 세울 수 있는 근간을 마련한 것이다. 그 결과 권력을 확립하는 데에는 상당한 노력이 소요되었으나, 그것을 유지하는 데에는 큰 어려움이 없었다.

제7장

행운과 타인의
무력으로
획득한 새로운 군주국

일반 시민이 순전히 행운에 의해 군주가 되는 경우라면 일단 권력을 갖기까지는 그다지 큰 노력이 필요하지 않다. 무언가 그를 들어 올려준 듯 사뿐히 발판에 올라서기만 하면 되는 것이다. 하지만 그것을 유지하는 데에는 진땀을 빼게 될 것이다. 아니, 꼭대기에 다다른 순간부터 무수히 많은 문제와 마주하게 된다. 영토를 돈으로 사거나 단순히 호의로 받은 자들도 마찬가지다. 이오니아와 헬레스폰투스의 도시국가 군주들 상당수가 여기에 속하는데, 이들은 다리우스 1세가 '자신의 안위와 특권을 염두에 두고 통치하라'는 뜻에서 권좌에 앉힌 자들이었다. 일반 시민에서 출발하여 군대

〈메디아 사신을 접견하고 있는 다리우스 1세〉, 페르세폴리스 아파다나 궁전
대제국을 건설한 다리우스 1세는 제국을 여러 주로 나누어 지방관을 배치하고 그곳
을 다스리도록 했다.

를 매수하는 방법으로 권력을 잡은 황제들10)도 여기에 속
한다.

　이런 군주들은 자신에게 권력을 준 사람들의 지지와 행
운에 전적으로 의존한다. 다시 말하자면 극도로 불확실하
고 불안정한 두 가지에 의존하는 셈이다. 그들은 권력을 유
지하는 방법을 모르고, 안다고 하더라도 그렇게 할 수 없다.
그 방법을 알지 못하는 이유는 그들이 놀라운 능력을 타고
나지도 않았고, 좋은 통치자가 되는 교육을 받은 적도 없기
때문이다. 또 방법을 알더라도 할 수 없는 이유는 그들에게

10) 마르쿠스 아우렐리우스에서부터 막시미누스까지의 군인황제들을 말한다.

는 우호적이고 어떤 경우에라도 곁에 있어 줄 충성스럽고 확실한 군대가 없기 때문이다. 급작스럽게 생겨나고 빠르게 자라난 모든 것들과 마찬가지로, 무無에서 생겨난 체제는 필연적으로 뿌리가 얕파하여 첫 폭풍우에 부서지려는 경향을 보인다. 물론 갑자기 군주가 된 자라도 재능이 있다면 운명이 가져다준 것들을 지켜내는 일에 곧바로 착수할 수도 있다. 권력을 잡기 이전에 마련했을 법한 근간을 곧바로 세울 수도 있다.

여기에서 우리 시대 각기 다른 방법으로 권력을 획득한 두 명의 인물을 언급하고자 한다. 한 명은 자신의 능력으로 권력을 얻은 자이며, 다른 한 명은 행운으로 권력을 얻은 자다. 바로 프란체스코 스포르차와 체사레 보르지아다. 평민 출신의 스포르차는 적확한 방책과 대단한 용기를 통해 밀라노 공작이 되었는데, 엄청난 노력을 들여 권력을 획득한 것에 비해 비교적 쉽게 권좌를 지켰다. 반면 발렌티노 공작으로도 널리 알려진 보르지아는 아버지 교황 알렉산데르 6세의 지위 덕분에 영토를 부여받았다. 그리고 분별 있고 능력 있는 사람이라면 했을 법한 모든 수단을 동원했으며, 타인의 군대와 지위 덕분에 얻게 된 영토를 지배하고자 할 때 갖

춰야 하는 것들을 마련하기 위해 노력했다. 그러나 그럼에
도 불구하고 아버지가 죽자 그 영토를 모두 잃고 말았다. 앞
에서도 말했다시피 군주가 되기 전에 근간을 닦아놓아야 하
고, 군주가 된 이후에 근간을 닦으려면 매우 특별한 자질이
필요한 법이다. 자질을 갖추었더라도 건설자에게는 힘겨운
일이 될 것이며 그 건축물도 불안정할 것이다.

보르지아의 전략을 상세히 살펴보면 실은 그가 권력을
유지하기 위해 훌륭한 근간을 마련했다는 것을 알 수 있다.
새로이 권력을 얻은 군주에게 해줄 조언으로 "그의 선례를
따르라"라는 말보다 더 좋은 말을 알지 못하기 때문에 나는
그가 했던 일들을 논하는 게 마땅하다고 생각한다. 비록 그
의 노력은 결과적으로 수포로 돌아갔지만, 그것은 그 자신
의 결함 때문이 아니라 기이한 불운이 연속한 탓이기 때문
이다.

교황 알렉산데르 6세는 자기 아들을 강력한 공작으로 만
들고자 결심했을 때 아들이 당시는 물론이고 장래에도 온갖
장애물과 마주하리라는 것을 알아차렸다. 첫째, 교황령 일
부를 제외하고는 아들을 통치자로 앉힐 만한 곳이 없었다.
그렇다고 교회의 땅을 줄 수도 없었다. 그렇게 하면 밀라노

공작과 베네치아인들이 가만히 있을 리 없었던 것이다. 명목상으로는 교황령이었던 파엔차와 리미니가 이미 베네치아의 보호를 받고 있었기 때문이었다. 게다가 당시 이탈리아에서 가동되던 군대들, 특히 교황이 도움을 구할 만했던 군대들은 모두 신뢰할 수가 없었다. 교황권의 확장을 경계할 이유가 있던 세력들(로마의 유력가문이었던 오르시니 가문, 콜론나 가문과 그에 연관된 가문들)의 통제하에 있었기 때문이다. 결론적으로 알렉산데르 6세가 그들 영토의 일부라도 장악하기 위해서는 당시의 질서를 뒤흔들고 경쟁세력들의 권위를 약화시켜야만 했다.

그런데 이 일은 생각했던 것보다 어렵지 않게 풀려 나갔다. 베네치아인들이 그들 나름의 이유로 프랑스를 다시금 이탈리아에 불러들였기 때문이었다. 교황은 그 움직임에 반대하지 않았고, 오히려 이혼을 원했던 루이 12세의 첫 번째 결혼을 무효화시켜 길을 순탄하게 닦아주었다. 그렇게 프랑스 왕 루이 12세는 베네치아인들의 도움과 교황의 동의를 받아 이탈리아에 입성했다. 그리고 교황은 루이 12세가 밀라노를 점령하자마자 그에게 자기 아들 보르지아가 로마냐를 점령할 수 있도록 프랑스 군대를 보내달라고 요청했다. 애초에 루이 12세의 지원이 없었더라면 불가능했을 일이었다.

로마냐 지방의 파엔차와 리미니

하지만 로마의 주축세력이었던 콜론나 가문이 한풀 꺾이기는 했지만, 로마냐를 점령하고 영토를 확장하고자 했던 보르지아는 또다시 두 가지 장애물에 가로막혔다. 첫째는 충성심이 의심되는 그의 군대였고, 둘째는 프랑스의 방침이었다. 오르시니 가문의 세력을 이용해왔던 보르지아는 그들이 자기 명령에 복종하지 않자 더 이상의 이익을 얻지 못하게 되거나 이미 가진 이익을 빼앗길까 우려했다. 또한 프랑스 루이 12세에 대해서도 같은 의심을 품고 있었다. 오르시니 가문에 대한 그의 의심은 그가 파엔차를 점령하고 볼로냐를 공격했을 때 병사들의 열의 없는 모습을 본 뒤 확신으로 굳어졌다. 루이 12세의 입장 또한 명확해졌다. 보르지아가 우르비노를 점령하고 토스카나로 진격하자 루이 12세가 그의 귀환을 요구했기 때문이었다.

이제 보르지아는 행운에 의지하지 않기로 했다. 먼저 그는 로마의 오르시니 가문과 콜론나 가문을 지지했던 귀족들에게 각각의 지위에 따라 넉넉한 봉급과 군사적·정치적 직위를 하사하고 그들을 자기편으로 끌어들여 두 가문을 약화시켰다. 수개월 만에 그들의 옛 충성심은 지워졌으며 모두 보르지아를 받들게 되었다. 그런 다음 콜론나 가문의 지도자들을 와해시켜 버렸고, 오르시니 가문의 사람들을 제거할 기회만을 기다렸다. 그리고 기회가 찾아오자 놓치지 않았다. 그 기회란 보르지아와 교회의 권력이 커지면서 자신들의 권력이 위협받게 되었음을 너무 늦게 알아차린 오르시니 가문이 페루자 근방의 마조네에서 회합을 주선한 것이었다. 이 회합으로 우르비노의 반란과 로마냐의 봉기 등 보르지아에게 해가 되는 일들이 발생했지만, 보르지아는 프랑스왕의 도움으로 이를 모두 극복해버렸다. 이전의 지위를 되찾은 것이다. 이제 보르지아는 프랑스나 다른 누군가의 의리를 믿었다가 야기할 수 있는 위험을 피하고 싶었다. 그래서 기만술을 쓰기 시작했다. 자신의 의도를 감추는 데 너무도 능했기 때문에 오르시니 가문조차도 화친하자면서 파올로 오르시니를 중재자로 보내왔다. 보르지아는 파올로를 극진히 대접하면서 돈과 옷감, 말을 선물로 주어 그를 안심시켰다. 이에 악명 높은 오르시니 가문도 결국 화답하고 보르지아의 초청을 수락해 세니갈리아로 갔다. 이로써 모든 것이 보르지아의 손아귀에 들어가게 되었다. 그곳에서 오르시니 가문의 지도자들을 살해하고 그 추종자들을 강제하여 자기 동맹으로 만듦으로써 권력기반을 확실하게 마련했다. 그런 다음 보르지아는 로마냐와 우르비노 공국을 점령했고, 나아가 그의 통치 아래 다소의 번영이 이루어지면서 주민들의 지지까지 얻어내기에 이르렀다.

특히 마지막 업적, 바로 주민의 지지의 얻어낸 것은 널리 알리고 따라 해야 마땅하므로, 이에 대해 충분히 설명하고자 한다. 로마냐를 점령한 보르지아는 그때까지 이곳을 다스렸던 나약한 지도자들이 민중을 다스리기보단 그들의 부를 갈취했고, 통합보다는 분열을 일으켰으며, 이 때문에 도둑질과 사기, 그리고 온갖 종류의 부정의가 횡행하고 있음을 알게 되었다. 이에 그는 이 지역에 평화를 가져오고 사람들이 권위를 존중하게 만들려면 선정善政을 펼칠 필요가 있다고 여겼다. 이러한 뜻에서 그는 일단 잔혹하고 냉철한 레미로 데 오르코를 총독에 임명하고 그에게 전권을 위임했다. 얼마 지나지 않아 데 오르코는 이 지역을 평정하고 통합시켰으며, 그 과정에서 상당한 명성을 얻었다.

그러자 보르지아는 그처럼 가혹한 지배가 더 이상 필요하지도 않고, 계속했다가는 반감을 살 수도 있다고 판단하고 영토의 중심부에 시민재판소를 설치했다. 그리고 각 도시의 대표자들을 불러 모은 뒤 저명한 사람 한 명에게 재판의 책임을 맡겼다. 바로 민중의 마음을 돌리고 완전히 자신편에 두기 위해서 '그동안 정권이 잔혹했다면 그것은 보르지아 자신이 아니라 총독의 악랄한 성정 때문'이었음을 보이고자 한 것이다. 그리고 구실을 찾자마자 곧바로 데 오르코를 참수하고는 어느 아침 체세나 광장에 피 묻은 칼과 함께 그의 시체를 보란 듯 내버려 두었다. 이 잔혹한 광경에 민중들은 만족하면서도 경악을 금치 못했다.

다시 본론으로 돌아가 보자. 보르지아는 자신의 군대로 자신을 공격할 수 있을 만큼 가까이 있었던 군대들 대다수를 물리침으로써 자신의 권력을 공고히 했다. 가장 급박한 위협으로부터 일신을 지켜낸 것이다. 이 시점에서 그의 영토 확장에 대한 유일한 장애물은 프랑스 왕 루이 12세였다. 루이 12세가 일전에 보르지아를 도운 게 실수였음을 깨달았고, 그렇기 때문에 더 이상의 모험은 용납해주지 않으리라는 것을 보르지아는 알고 있었다. 때문에 보르지아는 새로운 동맹을 찾기 시작했으며, 루이 12세가 나폴리 왕국 북부의 가에타를 포위한 에스파냐와 싸우기 위해 남진할 때에도 후하다고는 할 수 없는 지원만을 보냈다. 그의 목표는 프랑스의 간섭으로부터 벗어나는 것이었다. 아버지인 교황 알렉산데르 6세가 갑자기 죽지만 않았더라도 그는 틀림없이 빠른 시일 내에 이를 달성했을 것이다.

보르지아는 이러한 방법으로 당면한 상황에 대처했다. 그럼에도 장래에 관해서는 아버지의 후임자가 그에게 적의를 보이거나, 아버지가 수여한 영토를 빼앗아가지는 않을까 하는 걱정이 있었다. 보르지아는 이를 대비하기 위해서 다음과 같은 네 가지 전략을 마련했다.

첫째, 점령한 영토의 토착 군주 가문을 멸족시켜 새로운 교황이 그들의 권력을 회복시킬 여지를 없앤다. 둘째, (앞서 살펴본 대로) 로마 내 모든 귀족 가문의 지지를 얻어 교황의 주도권을 견제한다. 셋째, 다음 교황을 선출할 추기경단을 최대한 장악한다. 넷째, 알렉산데르 6세가 죽기 전에 최대한 많은 영토를 획득하여 그의 사후 최초의 공격을 자신의 기략만으로 해결할 수 있도록 한다.

보르지아는 아버지가 세상을 떠났을 당시 이 네 가지 중세 가지 목표를 달성한 상태였다. 토착 군주의 가문들을 손닿는 대로 죽였는데 빠져나간 자들이 거의 없을 정도였다. 로마 귀족들을 자기편으로 만들었으며, 추기경들에게 엄청난 영향력을 행사할 수 있는 지위도 가졌다.

네 번째 목표의 달성도 그리 멀리 않았었다. 영토 확장과 관련하여 그는 전 토스카나 지역의 주인이 되고자 했는데, 이미 페루자와 피옴비노를 장악했고 피사도 자기 보호 아래에 둔 상태였던 것이다. 그리고 그를 억제하던 프랑스의 영향력이 약해지면 (사실 프랑스가 에스파냐에 나폴리 왕국을 빼앗기면서 두 국가 모두 보르지아의 지원을 필요로 했으므로 보르지아에 대한 프랑스의 억제력은 이미 약해진 뒤였다) 곧바로 피사를 공격하고자 했다. 그렇게 되면 피사는 얼마간은 두려움 때문에, 얼마간은 피렌체와의 오랜 원한 탓에 곧바로 항복했을 것이다. 만약 그런 상황까지 갔더라면 피렌체는 스스로를 방어할 수 없었을 터였다.

만일 보르지아가 이 모든 일을 완벽히 이루었더라면 (실제로 그는 알렉산데르 6세가 세상을 떠나던 바로 그해에 목표를 거의 이룬 상태였다) 그는 대단히 큰 권력과 특권을 갖게 되었을 것이다. 그 어떠한 공격에도 자신의 무력과 재능으로 대응할 수 있었을 것이며, 그 누구의 군대나 권위에 의존할 필요도 없었을 것이다. 그러나 알렉산데르 6세는 자기 아들이 칼을 뽑은 지 단 5년 만에 세상을 떠나고 말았다. 그때는 보르지아가 권력을 로마냐에서만 공고히 했을 뿐이고, 획득한 나머지 영토는 모두 여전히 불안정한 상태였다. 또한 그는 극도로 강력한 두 적군 사이에 갇힌 채 고립되어 있었다. 거기에다가 보르지아는 치명적인 질병에까지 걸려 있었다.

무자비하고 재능 있었던 보르지아는 사람들을 자기편에 끌어들이지 못한다면 차라리 그들을 파괴해야만 한다는 점을 잘 알고 있었다. 또한 매우 짧은 시간 안에 매우 견고한 권력기반을 세웠다. 때문에 만일 그를 위협하는 두 군대가 없었더라면, 혹은 그가 그토록 위중한 병에 걸리지 않았더라면 그는 모든 난관을 극복했을 것이다.

보르지아가 세운 권력기반이 매우 견고했다는 점은 곧 증명되었다. 그가 로마에서 반죽음 상태로 누워 있을 때에도 로마냐는 한 달 이상을 충성스럽게 기다렸고, 로마에서도 그의 약점을 이용하려는 자가 없었다. 발리오니 가문과 비텔리 가문, 오르시니 가문 등 그의 적대세력들이 로마에 침입했을 때에도 그 누구도 그들의 편에 가담하지 않았다. 또한 보르지아가 자신이 원하는 인물을 새 교황으로 앉힐 수는 없었지만, 최소한 바라지 않는 사람이 교황이 되는 일을 막을 수 있는 위치에 있었다. 그러므로 아버지 알렉산데르 6세가 죽었을 때 그가 건강했더라면 만사가 쉬웠을 것이다. 율리우스 2세를 선출하기 위한 추기경단 회의가 진행되던 즈음 그가 나에게 직접 "아버지의 죽음으로 어떠한 일이 일어날지를 계속해서 생각해왔으며 모든 만일의 사태에 대하여 계획을 세워놓았다"고 말했다. 그러나 때가 왔을 때 그 또한 죽음의 문턱 앞에 서 있었으므로 그 계획을 실행으로 옮기는 일이 일어나지 못했을 뿐이었다.

체사레 보르지아의 모든 것을 요약하고 보니 나는 그에게서 비난할 만한 것이라곤 도무지 찾지 못하겠다. 오히려 운 좋았던 자들과 다른 군주가 가진 군대의 힘으로 권력을 얻은 자들에게 보르지아를 본보기로 제안하고 싶다. 그의 엄청난 투지와 상당한 야망을 고려했을 때 보르지아는 이렇게 말고는 달리 행동할 방법이 없었을 것이다. 그가 목적을 이루지 못한 것은 모두 알렉산데르 6세의 때 이른 죽음과 보르지아 자신의 질병이 한꺼번에 닥친 탓이었다.

적을 물리치고 동맹을 모으는 일, 무력이나 속임수로 난관을 극복하는 일, 신민의 경애와 두려움의 대상이 되는 일, 병사들의 복종과 존경을 받는 일, 자신을 공격할 가능성이 있거나 공격할 게 확실한 적들을 제거하는 일, 오래된 제도를 개혁하는 일, 가혹하면서도 자애롭고 너그러우면서 자발적인 사람으로 보이는 일, 불충한 군대를 해산시키고 새로운 군대를 세우는 일, 왕들이나 다른 군주들과 우호관계를 유지하여 그들이 당신을 존경하고 지지하게 만들거나 최소한 당신을 해치기 전에 다시 한 번 생각하도록 만드는 일 등이 필요하다고 여기는 신생 군주에게 체사레 보르지아보다 연구하기 더 좋은 최근 사례는 없을 것이다.

보르지아에게 제기할 수 있는 유일한 비판은 그가 교황 율리우스 2세가 선출될 때 담당했던 역할에 대한 것이다. 앞서 말했듯이, 보르지아는 자신이 원하는 자를 교황 자리에 앉힐 위치는 아니었으나 그가 원치 않는 후보자를 제외할 만큼의 영향력은 가지고 있었다. 따라서 그는 일전에 자기가 해를 입혔거나 견제할 만한 이유를 가진 추기경이 교황으로 선출되도록 놔두어서는 안 되었다. 인간은 두려움이나 미움 때문에 서로를 공격하기 때문이다. 산 피에트로 아드 빈콜라의 추기경이었던 줄리아노 델라 로베레를 비롯해 콜론나의 추기경, 사보나 공국 산 조르조의 추기경, 그리고 아스카니오 스포르차 등은 보르지아가 일전에 해를 입혔던 추기경들이었다. 루앙의 추기경과 에스파냐 출신 추기경들을 제외한 다른 모든 추기경은 교황이 된 이후 그를 견제할 만한 사유가 있는 이들이었다. 프랑스 왕을 등에 업은 루앙의 추기경은 매우 강력한 인물이었으며, 에스파냐 출신 추기경들은 보르지아와 인연이 있었고 그에게 빚을 지고 있었다. 그러므로 보르지아로서는 에스파냐 출신 추기경이 교황이 되는 게 최선책이었다. 에스파냐 추기경이 불가능하면 줄리아노 델라 로베레[11]가 아니라 루앙의 추기경이 교황이 되어야 했다.

새로운 은혜를 베풀었다고 해서 과거의 불만이 모두 잊힐 것이라 여긴다면 다시금 생각해보아야 한다. 보르지아는 교황 선거에서 잘못된 판단을 내렸으며, 그에게 있어 이는 치명적인 실책이 되었다.

---

11) 교황 율리우스 2세의 본명

제8장

범죄를 통해
획득한 국가들

일반 시민이 군주가 되기 위한 방법에는 운이 따라주는
상황이나 긍정적인 자질들에 의한 것 말고도 두 가지가 더
있다. 첫째는 끔찍한 범죄를 통해 권력을 획득하는 방법이
고, 둘째는 일반 시민이 동료 시민들의 지지를 받아 세습
군주가 되는 방법이다. 이 모두를 논하는 것이 마땅하겠지
만, 그중 후자는 공화국을 다루는 장에서 더욱 상세하게 다
루도록 하겠다.

　범죄를 통해 권력을 획득하는 경우에 대해서는 두 가지
사례를 논하겠다. 한 명은 고대 역사 속 인물이고 다른 한
명은 근대의 인물인데, 이 경로를 따라야만 하는 자들에게

는 이 두 사례가 본보기로서 충분하기 때문에 그 이상은 다루지 않으려 한다.

시칠리아 출신의 아가토클레스Agathocles는 일반 시민, 그것도 최하층의 미천한 신분으로 시작하여 시라쿠사의 왕이 되었다. 도공陶工의 아들로 태어난 그는 젊은 시절 비행非行을 일삼았다. 그럼에도 불구하고 그의 비행은 심신의 뛰어난 자질과 맞물려 시라쿠사 군대에 입대한 뒤 여러 계급을 거쳐 결국 사령관 자리에까지 오르게 했다. 아가토클레스는 일단 지휘권을 쥐자 스스로 왕이 되기로 결심했다. 사령관으로서 가지게 된 권력을 누구의 도움도 없이 유지하기 위해 필요하다면 폭력도 불사했다. 또한 시칠리아에서 전투 중이던 카르타고인 하밀카르와 자신의 야심을 두고 합의도 했다.

그러던 어느 날 아침, 아가토클레스는 중요한 국무를 논의해야 한다는 구실로 평민회와 원로원을 소집했다. 약속된 신호가 울리자

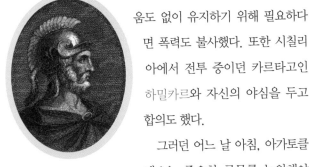

하밀카르 바르카Hamilcar Barca
(BC.270?~BC.228?)
고대 카르타고의 군인이자 정치가로 바르카 가문의 지도자이며 유명한 장군 한니발의 아버지다.

그의 병사들이 들이닥쳐 원로들과 도시에서 가장 부유한 자들을 학살했다. 이 대학살로 아가토클레스는 시라쿠사의 왕이 되었고, 그 어떤 저항도 없이 권좌를 유지했다. 카르타고에 두 번이나 패배했고 사실상 포위당하기까지 했음에도 도시를 지켜냈다. 심지어 포위당한 상태에서 병력의 일부를 시라쿠사 밖으로 내보내 카르타고의 본진인 아프리카를 공격하게 했다. 후방을 공격당한 카르타고는 포위를 풀 수밖에 없었고, 멸망 직전에까지 내몰렸다. 결국 카르타고는 아프리카 본토를 유지하는 대신 시칠리아를 아가토클레스에게 넘겨주는 합의안에 서명해야만 했다.

아가토클레스의 생애와 업적을 살펴보면 운명 덕분이라고 여길 만한 일들이 많지 않았음을 알게 된다. 앞에서도 말했듯이, 아가토클레스는 은인이나 후원자 덕분에 권력을 잡은 것이 아니라 여러 계급을 거치면서 온갖 역경과 위험을 뚫고 살아남아 권력을 획득했다. 그리고 그는 일단 권력을 잡았다면 그것을 유지하기 위해 얼마나 거칠고 위험한 결정들을 내려야 하는지를 알고 있었다. 물론 시민들을 죽이거나, 친구를 배신하거나, 충절과 자비와 신념 없이 사는 생을 옳다고 할 수는 없다. 그러한 방법들은 권력을 가져다줄지

언정 영광을 가져다주지는 못한다.

아가토클레스가 위험을 무릅쓰고 나서서 승리할 때 보여준 능력, 그리고 곤경을 극복할 때 보여준 놀라운 정신력을 고려한다면 그가 영웅으로 평가받는 다른 군사 지도자들만큼 높이 평가받지 않는다는 사실을 이해하기 어려울 수도 있다. 그러나 악랄하고 잔인하며 비인간적인 면모에다 그가 저지른 수없이 많은 범죄까지 더한다면 그를 존경하는 인물 중 한 사람으로 꼽을 수는 없는 일이다. 그러므로 아가토클레스에게는 행운이나 긍정적 자질이 그의 성취를 이끌었다고는 할 수 없겠다.

우리 시대 인물을 사례로 들자면 알렉산데르 6세가 교황이었던 시절 페르모에 살았던 올리베로토[12]가 있다. 아주 어렸을 때 아버지를 여읜 올리베로토는 삼촌 조반니 폴리아니의 손에 키워졌는데, 올리베로토가 군인으로서 높은 계급에까지 오르기를 바랐던 폴리아니는 조카인 그를 파올로 비텔리가 이끄는 군에 입대시켰다. 파올로가 죽자 올리베로토는 파올로의 형제 비텔로초 휘하에 들어갔고, 강인한 심신

---

12) 올리베로토 다 페르모Oliverotto da Fermo : 올리베로토 유프레두치를 말한다.

으로 훌륭한 능력을 발휘하면서 얼마 지나지 않아 비텔로초 군대의 일인자가 되었다. 그러나 다른 이를 위해 일하는 것만으로는 성에 차지 않았던 그는 직접 페르모를 장악하고자 했다.

페르모가 자유상태보다는 노예상태이기를 원하던 주민 일부의 지지와 비텔로초의 지원에 힘입은 그는 삼촌 폴리아니에게 편지를 보냈다. 이제 오랜 세월이 흘렀으니 고향 페르모에 돌아가 삼촌도 만나고 자신의 유산도 어느 정도 확인하고 싶다는 뜻을 전했다. 지금껏 오직 높은 지위를 얻기 위해 고되게 노력해왔으므로 도시에 입성할 때 말을 탄 친우들 및 부하들 100명을 거느려 시민들에게 자신이 시간을 헛되이 보내지 않았음을 보여주고 싶다고도 했다. 그리고 페르모 시민들이 적절한 연회를 열어 자신과 일행을 맞이하도록 준비시켜 줄 것을 요청했다. 그렇게 해준다면 자신뿐만 아니라 삼촌의 명예까지 드높아질 것이라고 했다.

삼촌 폴리아니는 조카를 융숭히 대접하는 데 수고를 아끼지 않았다. 또 페르모 시민들도 격식 있는 연회를 차려 올리베로토를 환영했다. 연회가 끝난 뒤 올리베로토는 환대를 받으며 삼촌의 저택으로 갔다. 이후 수일 동안 그곳에서 미리 계획해둔 범죄를 위해 만반의 준비를 했고, 마침내 화려한 연회를 열어 삼촌 폴리아니와 도시의 저명한 시민들을 초대했다. 식사와 이러한 연회에 으레 뒤따르는 여흥들이 이어졌고, 그 모든 것들이 끝났을 때 올리베로토는 짐짓 교황 알렉산데르 6세와 그의 아들 체사레 보르지아의 권력과 업적에 관한 무게 있는 이야기들을 늘어놓았다. 폴리아니를 포함한 여럿이 대화에 참여하자 올리베로토는 별안간 벌떡 일어나 이러한 주제는 더욱 사적인 장소에서 논의하는 게 좋다고 말한 뒤 다른 방으로 사람들을 이끌었다. 그리고 그들이 채 자리에 앉기도 전에 올리베로토의 병사들이 숨어 있던 곳에서 뛰쳐나와 그들 모두를 살해해버렸다.

학살 후 올리베로토는 말을 타고 도시를 달려 청사에 머물던 최고행정관을 포위했다. 결국 시민들은 그의 말에 복종할 수밖에 없었고, 올리베로토를 통치자로 하는 정부를 세울 수밖에 없었다. 자신에게 반대했거나 반격할 수도 있는 자들을 모조리 살해한 그는 새로운 군대와 민정제도를 세워 자신의 입지를 강화했다. 이로써 그는 수년 만에 페르모의 명백한 군주가 되었으며, 나아가 이웃 국가에까지 심각한 위협으로 거듭났다.

아가토클레스의 경우와 마찬가지로 올리베로토를 끌어내리는 일은 불가능해 보였다. 하지만 그는 체사레 보르지아의 기만술에 넘어가고 말았다. 앞에서도 설명했듯, 보르지아가 오르시니 가문과 비텔리 가문의 사람들을 세니갈리아로 유인했을 때 올리베로토도 그들과 함께 세니갈리아로 간 것이다. 자기 삼촌을 죽인 지 불과 수년 만에 그는 그에게 용맹과 악행을 가르쳤던 스승 비텔로초 비텔리와 함께 그곳에서 교살당하고 말았다.

도대체 아가토클레스처럼 셀 수도 없이 많은 배반과 잔혹 행위를 저지른 사람들이 어떻게 권좌를 무사히 지키고

외침을 방어하며 시민들의 음모와도 마주하지 않을 수 있었는지, 또 한편 그들처럼 잔혹행위를 벌일 준비가 되어 있던 다른 많은 이들이 왜 전시는 차치하고서라도 평시에조차 권력을 빼앗지 못했는지 궁금해할 법하다. 나는 이것이 잔혹행위를 잘 사용했는가 혹은 잘못 사용했는가의 문제라고 생각한다. (나쁜 일도 '잘' 행했다고 말할 수 있다면) 잘 사용된 잔혹행위란 단기간에 결정적으로, 지위를 공고히 하는 데 필요한 만큼만 행하고 멈춘 뒤 그 이상으로는 이어나가지 않고, 그 행위로 얻은 권력을 사용해 민중에게 최대한의 혜택을 돌려주는 경우를 말한다. 잘못 사용된 잔혹행위란 처음에는 필요했던 만큼 과감하지 못했으나 뒤로 갈수록 완화되기보다는 점점 더 잔인해지는 경우를 말한다. 아가토클레스처럼 첫 번째 방식을 택하는 지도자는 인간과 신 앞에서 자신의 지위를 향상시킬 기회를 얻는다. 그러나 두 번째 방식을 택한다면 그 어떤 기회도 얻지 못한다.

그러므로 국가를 점령할 때에는 어느 정도의 폭력과 잔혹 행위가 필요할지를 판단해야 하며, 그것을 정기적으로 되풀이해야 할 필요가 없도록 일거에 행해야 한다. 폭력 사용을 멈추는 순간부터 민중은 안심할 것이다. 그다음에는 그들을 너그럽게 대하여 당신의 편으로 끌어들이면 된다.

만일 잘못된 충고를 들었거나 그만한 배짱이 없다는 이유로 처음에 필요한 만큼의 가해를 다하지 않는다면 그 이후로도 매번 칼을 휘둘러야만 할 것이다. 그렇게 된다면 당신은 절대로 민중을 믿고 의지할 수도 없게 된다. 당신이 계속해서 가하는 폭력 때문에 민중이 당신을 신뢰하지 않을 것이기 때문이다.

폭력은 가능한 한 빠르게 행해야 그 씁쓸함을 맛볼 시간이 적어지고 그에 따르는 적의도 옅어진다. 반면 호의는 한 번에 하나씩 천천히 베풀어 충분히 음미할 시간을 주어야 한다. 그러나 무엇보다도 중요한 것은 좋든 나쁘든 앞으로의 일 때문에 군주 자신의 방침을 바꿀 일 없는 단단한 관계를 민중과 맺는 것이다. 역경이 닥쳐 조치가 필요해졌다면 이미 때는 늦었다. 그때 은혜를 베풀면 마지못해 내어주는 것으로 보여서 그 누구도 고마워하지 않기 때문이다.

제9장

시민
군주국

이제 일반 시민이 군주가 되는 방법 중 두 번째 유형, 즉 일반 시민이 용납할 수 없는 범죄 혹은 폭력을 통해서가 아니라 시민들의 지지를 받아 군주가 되는 경우를 살펴보자. 이러한 경우를 가리켜 대중의 지지가 따르는 군주국, 즉 시민 군주국이라 할 수 있는데, 이곳의 군주가 되기 위해서는 대단한 역량이나 비범한 행운이 아니라 주어진 행운을 기민하게 다룰 줄 아는 능력이 필요하다.

이러한 국가를 점령하기 위해서는 민중 측과 부유한 가문, 즉 귀족 측의 지지를 모두 받아야 한다. 그런데 모든 도시에서 이 두 계층은 상충하는 모습을 보인다. 민중 측은 귀족 가문들의 명령이나 억압을 바라지 않으며, 귀족 측은 민중을 억압하고 명령을 내리고자 하는 것이다. 두 개의 반대되는 정서는 서로 다른 세 가지 상황, 즉 군주정, 공화정, 혹은 무정부 중 하나를 선택하게 한다.

군주정은 민중이 세울 수도 있고 귀족이 세울 수도 있는데, 이는 둘 중 어느 편이 기회를 잡는가에 달렸다. 민중을 조종할 수 없음을 깨달은 귀족들은 자기 지위를 자기들 중한 사람에게 몰아주어 그를 군주로 만들고, 그의 그늘에서 원하던 바를 얻고자 한다. 마찬가지로 귀족들의 권력에 저항할 수 없음을 깨달은 민중은 시민 중 한 사람에게 힘을 몰아주어 그를 군주로 만들고, 그의 권력으로 자신들을 보호하고자 한다.

그런데 부유한 귀족들의 도움으로 권력을 얻은 군주는 민중의 지지를 통해 그 자리에 오른 군주보다 권력을 유지하는 데 더 큰 어려움을 겪게 된다. 자신을 스스로 군주와 동등하다고 여기는 자들이 군주를 에워싸고 있어 명령을 내리거나 또는 군주가 원하는 대로 사안을 처리하기가 어렵기 때문이다. 반면 민중의 지지를 통해 권력을 얻은 군주는 비교적 독립적이다. 그에게 복종하지 않으려 하는 자도 주변에 없거니와 있어도 드물다. 게다가 귀족들이 원하는 것은 타인을 해치지 않으면 완전히 만족시켜 줄 수는 없지만, 민중이 원하는 것은 타인을 해치지 않고도 만족시켜 줄 수 있다. 이는 민중이 가진 포부가 귀족들의 포부보다 더 명예롭기 때문이다. 귀족들은 민중을 억압하려고 하는 반면, 민중은 압제에서 벗어나고자 한다. 게다가 민중이 등을 돌린다면 군주라도 결코 안전할 수 없다. 이는 민중의 수가 많기 때문이다. 반대로 군주는 귀족을 상대로는 자신을 방어할 수 있다. 이는 귀족의 수가 그다지 많지 않기 때문이다.

또한 민중이 군주에게 적의를 내비칠 때 군주가 상상할 수 있는 최악의 경우는 민중이 군주를 버리고 떠나는 일이지만, 귀족이 군주에게 적의를 내비친다면 군주는 버림받을 뿐 아니라 나아가 직접 공격받을 일까지 우려해야만 한다. 왜냐하면 귀족들은 더 영리하고, 더 멀리 내다보며, 해를 피하기 위해 일찍부터 행동하고, 누구든 승산 있어 보이는 자에게 아첨하기 때문이다. 그리고 군주는 늘 같은 민중과 함께 살아야 하지만 늘 같은 귀족이 있어야만 잘살 수 있는 것은 아니다. 군주는 자신의 원하는 대로 누군가에게 작위를 주거나 빼앗을 수도 있고, 누군가를 귀족으로 만들거나 귀족이 아니게 만들 수 있기 때문이다.

귀족들에 관한 문제를 좀 더 들여다보자. 귀족들은 대개 두 가지 경우로 분류할 수 있다. 군주의 운명에 자신들을 완전히 내맡기려는 듯 행동하는 자들, 그리고 그렇게 하지 않는 자들이 그것이다. 군주의 운명에 자신들을 내맡기면서도 탐욕을 부리지 않는 자들은 존중하고 우대해주어야 한다.

그렇게 하지 않는 이들은 두 부류, 즉 소심한 자들과 야심이 있는 자들로 다시 나눌 수 있다. 먼저 소심한 자들은 타고난 기백이 모자라 불안한 탓에 복종하지 않는 자들로서 이용할 가치가 있는 자들의 경우에는 잘 활용하는 게 좋다. 왜냐하면 형세가 좋을 때 그들은 군주를 존경할 것이고, 형세가 좋지 않을 때라도 군주가 그들을 두려워할 필요는 없기 때문이다. 하지만 야심이 있는 자들은 계산이나 야망 때문에 복종하지 않는 자들로서 그들은 군주보다 자신들의 이익을 더 중히 여긴다. 그래서 군주의 형세가 기울기 시작하면 곧바로 군주를 파멸시키고자 움직일 것이다. 그러므로 이들은 애초에 적으로 여겨 조심히 살피고 경계해야 한다.

한편 민중의 지지로 군주가 된 자는 반드시 그 민중을 자신의 편에 두어야 한다. 억압에서 벗어나는 것만이 민중이 군주에게 바라는 것이므로 어려울 것도 없다. 다수의 뜻을 거스르고 부유한 귀족들의 지지만을 통해 군주가 된 자라면 더더욱 민중의 마음을 사기 위해 노력해야 한다. 민중의 마음을 얻는 일이 절대적 우선순위여야 하는 것이다. 하지만 이런 경우라도 별로 어렵지 않다. 모름지기 민중은 적대적이라고 여겼던 자로부터 좋은 대우를 받았을 때 한층 더 큰 충성으로 답하는 법이다. 그러므로 민중이 안심하고 생활을 할 수 있도록 잘 보호만 해주면 민중은 단번에 군주의 편이 될 것이다. 심지어 민중의 지지로 권력을 잡은 군주에게보다 더 헌신할 것이다.

군주가 민중의 애정을 얻는 방법은 여러 가지가 있지만, 각각의 상황에 따라 크게 다르고, 이에 대한 법칙을 구하기도 힘들기 때문에 여기에서는 논하지 않겠다. 다만 결론을 말하자면 군주는 반드시 민중을 자신의 편에 두어야 하며, 그렇지 않다면 형세가 나빠졌을 때 손 쓸 방법이 없다는 것이다.

나비스Nabis(재위 BC.207~BC.192)
스파르타의 마지막 왕이다.

스파르타의 왕 나비스는 그리스 전역의 세력들과 승승장구하던 로마군에게 포위당했으나 이를 버텨냈으며, 그들 전부를 상

대로 자신의 나라와 자신의 지
위를 지켜냈다. 위험이 닥쳤
을 때 그는 내부의 적 몇 명을
제거하기만 했다. 하지만 만일
민중이 그에게 등을 돌리고 있
었다면 그러한 조치만으로는
충분치 않았을 것이다.

그라쿠스Gracchus 형제
형제 모두 호민관으로서 토지개혁을 비
롯하여 빈민, 무산자를 돕는 여러 개혁을
시행하려다 로마 원로원과 보수적인 귀
족에 밀려 끝내 죽임을 당했다.

　　물론 나의 이러한 추론에
'민중 위에 집을 세운 자는 진
흙 위에 세운 것과 같다'는 진부한 격언을 들어 반박하는 이
들도 있을 것이다. 이에 대해 나는 민중의 지지를 받아 군주
가 된 자가 법이나 적 때문에 곤경에 빠졌을 때 민중이 자신
을 구하러 오리라고 기대하는 경우에만 그 반박이 적합하다
고 답하겠다. 민중에게 기대한 군주는 로마의 그라쿠스 형
제나 피렌체의 조르지오 스칼리13)처럼 대개 민중에게 속

---

13) 조르지오 스칼리Giorgio Scali : 1378~1382년 사이에 피렌체에서 일어난 치옴
피 난亂의 지도자다. 메디치 가문의 일원인 살베스트로 데 메디치가 인민 평
의회의 권력을 줄이는 법안을 추진한 것에 반발한 도시 서민들이 대규모 폭력
사태를 일으키고 프롤레타리아 정부를 수립했다. 그러나 정부 수립 후 분열되
어 혼란해지자 기존 지배계층이 무력을 확보한 후 정부를 붕괴시킴으로써 피
렌체 공화국은 원래 상태로 되돌아갔다.

129

았다는 것을 깨닫고 실망하게 될 것이다. 그러나 민중의 지지를 권력의 기반으로 삼은 군주라도 민중을 제대로 이끌 줄 알고, 형세가 나빠도 절망하지 않으며, 적절한 예방조치를 취하고, 그 자신의 기백과 통치방식으로 만인에게 사기를 불어넣어 줄 수 있다면 민중은 절대로 그를 실망시키지 않을 것이다. 군주가 얼마나 공고한 토대를 닦았는지는 시간이 증명해줄 것이다.

하지만 이런 군주에게도 위태로워지는 때가 있다. 바로 민주제에서 전제주의로 이행할 때다. 이 시점에서 군주는 직접 명령을 내리거나 대리인을 내세워 명령을 내리는데, 보통 대리인을 내세울 때 더 큰 위험에 처하게 된다. 대리인으로 임명된 자들의 호의에 전적으로 의존하기 때문이다. 즉, 형세가 좋지 않을 때 대리인들은 군주를 직접 치거나 간단하게는 명령을 거부함으로써 군주를 매우 손쉽게 권좌에서 몰아내는 것이다.

또한 역경이 닥치더라도 군주는 절대적 권력을 휘두를 수 없다. 대리인의 명령을 받는 데 익숙해져 있는 민중이 위기라고 해서 갑자기 군주에게 복종하지는 않기 때문이다. 따라서 군주는 믿을 만한 사람이 소수임을 깨닫고 믿을 만한 사람을 찾기 위해 처절하게 노력해야 할 것이다.

그리고 군주는 평화로울 때 민중이 군주를 떠받들고 의지하는 것처럼 보인다고 곧이곧대로 믿어서는 안 된다. 평화로울 때에는 누구나 한달음에 달려오고, 누구나 이런저런 맹세를 하며, 누구나 그를 위해 목숨을 바칠 준비가 되어 있다고 말한다. 이는 목숨을 바칠 일이 없기 때문이다. 그러나 형세가 나빠져 군주가 민중을 필요로 하게 되면 아무도 얼굴을 비추지 않는다. 이같이 중대한 순간은 군주에게 단 한 번의 기회밖에 주어지지 않기 때문에 더욱더 위험천만이다. 따라서 군주가 현명하다면 형세가 좋든 나쁘든 늘 군주와 군주의 통치를 민중이 원하도록 만들어두어야 한다. 그렇게 한다면 민중은 언제나 군주에게 충성할 것이다.

제10장

국력은
어떻게 측정되는가

국가들의 본질을 살펴볼 때 염두에 두어야 하는 것이 하나 있다. 그것은 군주가 공격을 받았을 때 그 자신의 기략으로 자신을 방어할 수 있을 만큼 충분한 힘을 지니고 있는가, 아니면 늘 다른 이들의 보호에 의존해야 하는가의 문제다. 이를 명백히 밝히기 위해 '누가 공격해 오더라도 맞설 수 있는 군대를 조직할 만큼 충분한 인력이나 자금을 가진 군주를 가리켜 자신을 방어할 능력이 있는 군주'라고 하고, '야전 野戰을 수행할 수는 없고 도시 성벽 안으로 후퇴하여 방어해야만 하는 군주를 가리켜 늘 외부의 도움이 필요할 군주'라고 정의해보자.

첫 번째 유형의 군주에 관해서는 이미 논의한 바 있으며[14] 이후에도 더 논할 것이다[15]. 반면 두 번째 유형, 즉 외부의 도움이 필요한 군주에게 내가 해줄 수 있는 조언이란 "도시의 요새를 강화하고 물자를 충분히 확보하되 도시를 둘러싼 교외에 대해서는 운명에 내맡기라"는 것뿐이다.

만일 군주가 제대로 요새를 갖추고, 지금까지와 이후의 장에서 논의하는 바대로 민중과의 관계를 잘 관리한다면 그의 적들은 공격하기를 망설이게 될 것이다. 인간은 언제나 명백한 어려움이 도사리고 있는 일을 꺼린다. 방어가 완벽한 도시와 민중의 미움을 받지 않는 군주를 공격하는 일은 절대로 쉬운 과제가 아니다.

독일의 도시들은 완전히 독립적이고, 도시 외의 영토도 많지 않다. 그리고 자기들 편리할 때에만 황제에게 복종할 뿐 기본적으로 황제를 두려워하지 않는다. 지역 내 강력한 통치자 역시 두려워하지 않는다. 이는 도시들이 훌륭한 요새를 갖추고 있어서 그들을 공격하는 게 매우 고되고 지루한 일이 된다는 것을 모두 알고 있기 때문에 가능한 일이다.

---

14) 제6장
15) 제11~13장

산꼭대기에 요새로 건축된 독일의 엘츠Ⅱ성

그들은 모두 적절한 규모의 해자와 성벽, 필요한 대포, 그리고 1년 치 식량과 음료와 땔감이 구비된 공공창고를 갖추고 있다. 게다가 도시의 근간이 되는 분야들과 서민들의 생계수단이 되는 직업군에 1년 동안 일할 수 있는 원자재를 비축해두었기 때문에 국고를 바닥내는 일 없이도 주민들이 먹고살 수 있다. 군사 훈련 또한 매우 중시해서 정기적으로 훈련을 하는 등 만반의 준비를 해두었다.

그러므로 견고한 요새를 갖춘 도시를 다스리면서 민중에게 미움을 받지 않는 군주라면 외부의 적에게 공격받지 않을 것이다. 혹시 공격받는다 하더라도 그를 공격한 자는 수치스럽게 물러나게 될 것이다. 이토록 변화무쌍한 세상에서 1년씩이나 하는 일 없이 성벽 앞에 진을 치고 기다리기란 거의 불가능한 일이기 때문이다.

이에 대하여 혹자는 주민들이 성벽 밖에도 집을 두고 있어서 집이 불타 무너지는 모습을 지켜만 봐야 한다거나, 조급해지거나, 오랜 포위와 자기 미래에 대한 우려로 군주를 잊게 될 수도 있다고 반박할 수 있다. 이에 대해 나는 '힘과 인성을 갖춘 지도자는 언제나 이러한 문제들을 해결할 수 있다'고 대답하겠다. 그런 군주는 포위가 오래 지속되지 않으리라는 희망을 민중의 마음속에 일으킬 수 있으며, 적군의 잔혹성에 관한 이야기를 퍼뜨려 민중을 겁줄 수 있고, 성급한 자들의 행동을 빠르게 막아낼 수 있기 때문이다.

이유는 또 있다. 바로 적군이 도시에 다가오면서 교외를 불태우고 파괴할 때가 민중의 저항과 사기와 결의가 드높아지는 때라는 점이다. 실상 이는 군주의 걱정거리를 덜어준다. 왜냐하면 수일 후 민중의 흥분이 가라앉고 나면 이미 그곳은 피해로 인해 돌이킬 수 없는 지경에 이르렀을 것이고, 그 결과 민중은 군주에게 더 큰 힘을 모아줄 것이기 때문이다. 이때 민중은 군주를 지키는 과정에서 자신들의 집이 불타고 재산이 파괴되었으므로 군주가 자신들에게 빚을 지고 있다고 생각하게 될 것이다.

인간은 그 본성상 은혜를 받는 일만큼이나 은혜를 베푸

는 일로도 의무관계가 맺어진다고 생각한다. 그러므로 현명한 군주라면 포위를 당하더라도 먹을 식량과 방어할 무기만 준다면 민중의 사기를 유지하는 것은 그리 어렵지 않을 것이다.

제11장

/

교회
국가

마지막으로 살펴볼 국가의 형태는 교회국가다. 이 경우 군주가 될 사람이 맞서야만 하는 어려움은 모두 그가 권력을 잡기 전에 찾아온다. 왜냐하면 이러한 국가를 얻기 위해서는 능력이나 행운이 필요하지만, 이를 유지하기 위해서는 둘 중 어느 것도 필요하지 않기 때문이다.

교회국가는 아주 오래된 종교제도에 의하여 유지된다. 이 제도는 아주 강력하고 확고부동하기 때문에 군주가 무엇을 하고 어떻게 하는지에 관계없이 권력을 유지할 수 있도록 해준다. 오직 교회 지도자들만이 국가를 지켜내지 않고서도 소유하며, 민중을 다스리지 않고서도 지배한다. 또 방어하지 않는다고 하더라도 국가는 그들을 벗어나지 않으며, 다스리지 않는다고 하더라도 민중은 반란을 일으키지 않는다. 아예 군주를 바꾼다는 생각조차 하지 않으며, 생각한다고 하더라도 실행하지 못한다. 그야말로 안정적이고 편안한 통치형태다.

그러나 교회국가는 인간 이성의 범위 너머에 있는 권능에 의존하기 때문에 더 이상 논하지 않도록 하겠다. 하나님이 그 국가들을 창조하셨고 지탱하시니 일개 인간이 이를 논하기란 경솔하고 건방진 일이 될 것이다. 하지만 최근 들어 교회가 어떻게 세속적 권력을 급격히 확대했는지를 누군가 나에게 물을 수도 있다. 즉, 교황 알렉산데르 6세 이전에는 이탈리아에서 가장 약소한 국가의 군주들도 세속적 권력의 측면에서 경쟁상대로 생각조차 하지 않았던 교회가 어떻게 지금은 직접 프랑스 왕을 겁주어 이탈리아 밖으로 몰아내고 베네치아를 격파할 정도로 강력해졌는지 궁금해할 수도 있다. 이에 나는 이미 많이 알려진 일일지라도 관련 사실들을 정리하여 차근차근 설명하려 한다.

프랑스의 샤를 8세가 진격해 내려오기 이전 이탈리아는 교황과 베네치아인, 나폴리 왕, 밀라노 공작, 그리고 피렌체인들이 지배하고 있었다. 이들 국가는 으레 두 가지 일에 몰두했는데, 하나는 외국 군대를 이탈리아에 들이지 않는 일이었고 다른 하나는 서로의 영토 확장을 견제하는 일이었다. 그중에서도 교황과 베네치아인들은 영토 확장에 가장 열심이었다. 특히 베네치아를 억누르는 유일한 방법은 실제로 페라라 공국을 방어할 때처럼 다른 여러 국가가 연합하는 것뿐이었다.

오르시니 가문의 문장(위)과 콜론나 가문의 문장

또 교황을 견제하기 위해서는 로마 귀족들에게 의존해야 했다. 로마 귀족들은 오르시니 가문과 콜론나 가문이라는 두 개의 파벌로 나뉘어 있었는데, 이들은 교황의 코끝에서도 서로에게 칼을 들이댈 정도로 교황의 권위를 약화시켰다. 때때로 식스투스 4세Sixtus IV처럼 결단력 있는 교황이 등장하기도 했으나, 그 또한 문제를 해결할 정도로 교활하거나 운이 좋지는 않았다. 교황의 재임기가 대체로 짧았던 것도 문제였다. 교황들은 평균 10년 정도 재임했는데, 10년으로는 두 파벌 중 어느 한 곳도 제대로 무너뜨릴 수 없었던 것이다. 예를 들어 어느 교황이 콜론나 가문을 거의 몰락시켰다고 하더라도 그다음 교황이 오르시니 가문에 적의를 품어 콜론나 가문을 부활시키기도 하고, 때로는 오르시니 가문을 완벽하게 몰락시키기에는 시간이 부족하여 그 목표에 완전히 이르지 못했다. 때문에 이탈리아의 국가들은 이렇게 힘없는 교황의 세속적 권력을 크게 고려하지 않았다.

그런데 그즈음 재력과 군사력으로 어떤 일이 가능한지를 누구보다 잘 보여준 교황이 등장했다. 바로 알렉산데르 6세다. 그는 아들인 체사레 보르지아를 이용하고 프랑스의 침입을 기회로 삼아 앞서 보르지아를 논할 때 언급했던 모든 성취를 이루어냈다. 알렉산데르 6세의 목적은 교회가 아니라 자기 아들의 권력을 키우는 일이었지만, 어찌 되었든 그가 이룬 성취는 교회의 권력을 키워주었다.

또 그와 아들이 모두 세상을 떠난 뒤 그들의 점령지를 모두 교회가 물려받았기 때문에 율리우스 2세가 선출되었을 때 교회는 로마냐 전역을 지배하고 있었고, 알렉산데르 6세가 로마 귀족들과 그 파벌들을 진압해두었기 때문에 교회의 권력이 어느 때보다도 강한 상태였다. 율리우스 2세 또한 이전에 사용된 바 없었던 새로운 방법16)을 통해 교회의 수입을 늘리기도 했다.

율리우스 2세는 알렉산데르 6세의 길을 따랐을 뿐만 아니라 그보다 한발 더 나아갔다. 그는 볼로냐를 점령하고자 했으며, 베네치아인들을 무찌르고 프랑스를 이탈리아에서 몰아내고자 했다. 결국 그는 세 가지 목적을 모두 달성했는데, 그것은 자신의 이익이 아니라 교회의 영광을 위해 행한 일이었으므로 그의 공적은 한층 더 칭송할 만했다. 또한 율리우스 2세는 오르시니 가문과 콜론나 가문의 세력을 종전에 약화되었던 상태 그대로 유지시켰다.

물론 두 파벌의 지도자들은 그러한 상황을 벗어나려 노력했다. 하지만 두 가지 장애물에 가로막혔으니 첫째는 그들을 압도하는 교회의 권력이었고, 둘째는 두 파벌 출신의 추기경이 없다는 사실이었다. 추기경들은 언제나 내분을 불러왔으며, 각 파벌 출신의 추기경들이 있을 때에는 파벌 간에 바람 잘 날이 없었다. 추기경들이 로마 안팎에서 파벌 간의 적의를 키웠기 때문에 로마의 귀족들은 이 두 파벌 중 어

---

16) 교회의 성직 매매 및 면죄부 판매를 말한다.

느 한편을 옹호할 수밖에 없었다. 귀족들 간의 적의와 불화를 추기경들의 야심이 키웠다고 해도 과언이 아니다.

아무튼 율리우스 2세 때의 진전으로 그의 뒤를 이은 교황 레오 10세$^{Leo\ X}$는 극도로 강력한 교황권을 갖게 되었다. 바라건대 선임 교황들이 무력을 통해 교회를 강성하게 만들었던 것과는 달리 선량함과 수없이 많은 덕목을 통해 이전보다 더 강성하고 더 칭송받을 만한 교회를 만드시기를 기원한다.

제12장

군대의 종류와
용병에 관한 고찰

지금까지 다양한 국가의 특성들에 대해 상세히 설명했다. 또한 그 국가들이 강성해지거나 약화되었던 이유들, 그리고 과거의 사람들이 그 국가들을 점령하고 유지하고자 시도했던 방법들도 어느 정도 살펴보았다. 이제는 각 종류의 국가가 사용할 수 있는 공격 및 방어 수단에 관해 개괄적으로 설명하고자 한다.

앞서도 논했듯, 군주의 권력은 반드시 공고한 토대를 바탕으로 해야 한다. 만약 그렇지 않다면 그 군주는 필시 몰락한다. 또한 오래된 국가이든 복합국가이든, 혹은 신생국가이든 가릴 것 없이 국가 권력의 주된 토대란 곧 좋은 법과 좋은 군대를 말한다. 좋은 군대가 없으면 좋은 법을 가질 수 없지만, 좋은 군대가 있으면 좋은 법은 필연적으로 따라온다. 따라서 여기에서는 법에 대한 논의는 제쳐두고 곧바로 군대에 관한 문제를 논해보겠다.

　군주는 자신의 국가를 방어하기 위해 본인의 군대나 용병대, 외국의 원군, 혹은 이들이 섞인 혼성군에 의존한다. 이 중 용병대와 원군은 쓸모도 없고 위험하기까지 하다. 국가 방어를 용병대에 의지한다면 안정과 안보를 절대로 지킬 수 없다. 용병대는 야심만만하고 기강이 해이하며, 불충하고 자기들끼리 다툼을 벌인다. 또한 동료 앞에서는 용감하지만 적 앞에서는 비겁하고, 신을 두려워하지도 않으며, 약속도 지키지 않는다. 용병대와 함께했을 때 재앙을 미루는 유일한 방법은 전투를 미루는 것뿐이다. 또한 용병대는 평시에는 군주를 약탈하고 전시에는 적군이 군주를 약탈하도록 내버려 둔다. 군주에 관한 그들의 유일한 관심사와 그들이 싸우는 유일한 이유는 군주가 그들에게 지급하는 변변찮은 봉급뿐인데, 이것만으로는 그들이 군주를 위해 목숨을 바치도록 만들 수 없기 때문이다. 그래서 전쟁 중이 아닐 때 그들은 기쁜 마음으로 군주의 병사가 되지만, 전쟁이 일어나면 그들은 달아나거나 사라져 버린다.

오늘날 이탈리아의 몰락은 오랫동안 용병대에 의존했기 때문에 벌어진 일이다. 때문에 이 문제를 이해하기는 별로 어렵지 않다. 물론 용병대들이 몇몇 전투에서는 승리를 거두기도 했고, 다른 용병대를 상대로 용맹하게 싸우는 모습을 보이기도 했다. 하지만 외국의 군대가 나타나자 그 즉시 본질이 드러났다. 그 때문에 프랑스의 샤를 8세는 싸울 필요조차 없었고, 프랑스 병사들은 그저 분필을 들고 다니며 임시 숙소로 쓸 만한 건물에 표식을 남기는 일만 했다. 이를 두고 사보나롤라는 "우리가 우리의 죄악으로 자초한 일"이라고 말했다. 죄악이 사보나롤라가 생각했던 도덕적인 종류가 아니라 내가 지금까지 설명한 종류라는 점만 제외한다면 그의 말이 옳다고 봐야 한다. 또한 그 죄악은 우리 군주들이 지은 죄악이었다. 그 결과 군주들은 그 대가를 처절하게 치러야 했다.

이제 나는 용병대를 고용하는 일이 왜 바람직하지 않은지를 보다 명확하게 보여주고자 한다. 용병대장은 훌륭한 군사 지도자일 수도, 그렇지 않을 수도 있다. 만일 용병대장이 훌륭한 군사 지도자라면 군주는 그를 신뢰해서는 안 된다. 고용주인 군주를 공격하거나 군주의 뜻과는 다르게 다른 누군가를 억압함으로써 스스로 권력을 갖고자 할 것이기 때문이다. 그렇다고 무능한 용병대장이 바람직한 것도 아니다. 무능한 대장 역시 군주를 파멸로 이끌 것이기 때문이다.

이쯤에서 혹자는 사령관이 용병이냐 아니냐의 문제가 아니고, 그런 문제는 어떤 군대에도 있기 마련이라고 반박할 수도 있다. 이에 나는 "군대는 언제나 세습 군주 혹은 공화국을 위해 존재해야 한다"고 대답하겠다. 세습 군주라면 자신이 몸소 나서서 사령관이 되어야 한다. 공화국에서는 자기 민중 중에서 사령관을 임명해야 한다. 만일 임명한 자가 무능한 것으로 드러나면 다른 사람으로 교체하고, 유능하다고 판명되면 그가 자신의 권한을 넘어서지 않도록 법을 지키게 만들어야 한다. 경험에 의하면 스스로의 군대를 가진 군주들과 공화국만이 진정한 진보를 이뤘다. 반면 용병대는 문제만을 일으켰다. 또한 민병대를 갖춘 공화국은 용병대를 고용한 공화국보다 정변의 희생양이 될 가능성도 적었다.

로마와 스파르타는 수세기 동안 군비를 잘 갖췄던 덕분에 자주성을 지켰고, 스위스도 마찬가지였다. 반면 용병대를 고용했던 고대국가로는 카르타고가 있는데, 이들은 자국 출신의 용병대장이 이끄는 용병대를 고용했음에도 로마와의 첫 번째 전쟁이 끝난 후 용병 때문에 거의 전복될 뻔했다. 에파미논다스Epaminondas가 세상을 떠나자 훗날 알렉산드로스 대왕의 아버지가 되는 마케도니아의 필리포스 2세를 군사령관으로 임명했던 테바이인들은 비록 전쟁에서 승리를 거뒀지만 자신들이 고용했던 필리포스 2세에 의해 정복당했다.

밀라노인들도 같은 경험을 했다. 밀라노 공작 필리포 마리아 비스콘티Philippo Maria Visconti 사후 베네치아인들과 싸우기 위해 용병대장 프란체스코 스포르차를 고용했는데, 스포르차는 카라바조에서 베네치아인들을 무찌른 뒤 그들과 힘을 합쳐 자신의 고용주였던 밀라노인들을 공격했다. 용병이었던 프란체스코 스포르차의 아버지는 나폴리 왕국의 조반나Joanna 여왕에게 고용되었으나 예고도 없이 달아나버렸다. 이 때문에 조반나 여왕은 왕국을 잃지 않기 위해 어쩔 수 없이 아라곤 왕의 손에 자신과 왕국의 운명을 내맡겨야만 했다.

물론 권력을 탈취하지 않고 정말로 고용주를 방어해주었던 용병대를 통해 영토 확장에 성공했던 예도 있다. 바로 베

(왼쪽) **조반니 아쿠토**Giovanni Acuto(1320~1394) : 영국 출신 이탈리아 용병대장인
존 호크우드John Hawkwood

(가운데) **브라치오 다 몬토네**Braccio da Montone(1368~1424) : 이탈리아 출신 용병
대장

(오른쪽) **파올로 비텔리**Paolo Vitelli(1461~1499) : 피렌체의 용병대장으로 피사 공격
실패 후 반역자로 몰려 처형당했다.

네치아와 피렌체였다. 그중에도 피렌체는 운이 좋았다. 강
력한 용병대장들 다수가 위협적으로 도사리고 있었으나 일
부는 전쟁에서 패배했고, 일부는 강력한 저항에 부딪혔으
며, 일부는 자기 야망을 다른 곳으로 돌렸기 때문이다. 그중
전쟁에서 패배한 자는 조반니 아쿠토를 말하는데, 패배했
기 때문에 전승을 거뒀을 때 충성을 지켰을지 아닐지를 알
수 없으나, 만일 그가 승리했더라면 피렌체는 그에게 완전
히 좌지우지되었으리라는 점을 인정해야만 한다. 또 경쟁관
계에 있었던 프란체스코 스포르차와 브라치오 다 몬토네의

두 용병대장은 언제나 서로를 견제했다. 이 때문에 프란체스코는 자신의 야망을 롬바르디아로 돌렸고, 브라치오는 로마 및 나폴리 왕국과 싸우게 되었다.

가장 최근 사례는 바로 우리 피렌체의 비텔리라 할 수 있다. 우리 피렌체는 파올로 비텔리를 군사령관으로 고용했는데, 그는 대단히 진중한 사람이었으며 보잘것없는 출신에서 시작하여 막대한 명성을 얻은 자였다. 만일 그가 피사 점령에 성공했더라면 피렌체인들은 그를 계속 고용할 수밖에 없었으리라는 점을 부정하기는 힘들다. 만약 해고된 후 그가 적국에 가담하기라도 한다면 강력한 적장이 생기기 때문이다. 그렇다고 그를 계속 고용한다는 것은 그를 지배자로서 받아들이겠다는 뜻과 같았다.

베네치아인들을 살펴보자면, 그들은 스스로의 힘으로 스스로를 위해 해상전투를 치를 때 대담했고, 성공적으로 싸웠다. 귀족과 평민들은 하나같이 모두 대단한 용기를 보여주었다. 그러나 내륙에서 전투가 시작되자 그들은 다른 이탈리아 국가들처럼 용병대를 고용했다. 당시 베네치아는 영토 확장을 막 시작하던 때였는데, 영토가 크지 않았지만 국위는 드높았으므로 용병대장에 관해서는 그다지 걱정할 필요가 없었다. 하지만 카르마뇰라가 이끄는 용병대가 이탈리아반도 안쪽까지 진격할 때에야 비로소 용병대가 어떠한 문제를 불러오는지를 다소나마 알게 되었다. 즉, 베네치아인들은 카르마뇰라가 얼마나 유능한 용병대장인지를 목도했고, 더불어 카르마뇰라가 그 전쟁에 더 이상 열의를 보이지 않는다는 점도 금방 알아차린 것이다. 카르마뇰라가 전쟁에 열의를 보이지 않는다는 것은 그가 이 전쟁에서 승리하는 것을 원치 않는다는 의미이기도 했고, 이는 곧 그를 고용해도 더는 영토를 얻을 수 없다는 의미이기도 했다. 그렇다고 카르마뇰라의 도움으로 정복한 영토를 잃을 게 우려되어 그를 해고할 수도 없었다. 당시로써는 그를 죽이는 것만이 안전한 방법이었다. 결국 당시 베네치아인들은 그 방법을 선택했다.

프란체스코 부소네
Francesco Bussone(1382?~1432)
카르마뇰라 백작이라 불리던 용병대장이었으나 지나친 자만으로 결국 베네치아인들에 의해 사형당했다.

이후에도 베네치아인들은 바르톨로메오 다 베르가모, 루베르토 다 산 세베리노, 피틸리아노의 백작 니콜로 오르시니 등 다수의 용병을 고용했다. 하지만 이들은 이기기보다는 질 가능성이 더 큰 자들이었다. 그런 때에 바일라전투가 있었고, 실제로 베네치아인들은 그 전투에서 지난 800년 동안 착실히 쌓아온 모든 것들을 단 하루 만에 잃고 말았다. 실상 용병대가 가져다주는 승리는 더디고 뒤늦으며 불확실하지만, 그들의 패배는 갑작스럽고도 당혹스럽게 다가온다.

위의 사례들은 모두 오랜 세월 용병대에 좌우되었던 이탈리아와 관련 있는 이야기들이므로, 나는 이 문제를 좀 더 폭넓게 살펴보고자 한다. 기원과 발전과정을 추적할 수 있다면 해결책을 찾기도 좀 더 쉬워질 것이기 때문이다. 기억해야 할 것은 지난 수세기 동안 신성로마제국이 이탈리아에 대한 지배력을 잃은 한편 교황의 세속 권력이 커지면서 이탈리아가 소규모 국가들로 분열되었다는 점이다. 그동안 황제의 지원을 등에 업고 민중을 지배해왔던 토착 귀족들을 상대로 한 반란이 다수의 대도시에서 일어났으며, 교회는 스스로의 세속적 권력을 증대시키기 위해 그 반란들을 지원했다. 그 결과 많은 도시가 권력을 민중에게 넘겨야만 했고, 오늘날 이탈리아반도는 교회와 공화국들이 대부분 다스리게 되었다. 이는 전쟁을 겪어본 바 없는 민중이 권력을 갖게 되었다는 의미였다. 때문에 지도자들은 외부에서 병력을 고용하기 시작했다.

가장 먼저 성공을 거둔 용병대장은 로마냐 출신의 알베리고 다 바르비아노였다. 브라치오 다 몬토네와 프란체스코 스포르차 등의 용병대장들도 그의 모습을 보고 배우면서 이탈리아의 운명을 좌지우지하는 자들로 거듭났다. 그들 이후로 우리 시대에 이르기까지 수많은 용병대장이 등장했다. 그리고 그들이 재능을 다툰 결과 이탈리아는 샤를 8세의 침략을 받았고, 루이 12세에게 약탈당했으며, 아라곤의 페르난도 2세에게 유린당했고, 스위스에까지 수모를 당했다.

용병대들의 제1전략은 보병대의 평판을 깎아내려 자기들 용병의 의의를 증대시키는 일이었다. 소유한 영토가 없고 전투를 통해 번 돈으로 생활했던 그들로서는 대규모의 부대를 유지할 여력은 없었고, 소규모의 부대로는 별다른 인상을 줄 수 없었다. 그래서 그들은 기병대에 집중하고 관리하기 쉬운 규모를 유지하면서 수입과 명성을 얻었다. 종국에는 용병대가 2만 명 규모를 자랑할 때 자국 보병은 2,000명도 되지 않는 지경에 이르렀다.

게다가 용병대는 고생과 위험을 줄이기 위해 가능한 모든 방법을 동원했다. 전투에서 서로를 죽이지 않고 생포했

으며, 몸값을 요구하지 않고 포
로를 풀어주었다. 또한 야간에
는 요새를 공격하지 않았으며,
요새를 떠나 상대 포위군의 야
영지를 공격하는 일도 꺼렸다.
야영지 주변으로 해자를 파거
나 방책을 세우지도 않았고, 겨
울에는 아예 야영을 하지 않았
다. 이 모든 해이가 관행으로
굳어진 이유는 간단했는데, 앞

알베리고 다 바르비아노
Alberico da Barbiano(1344~1409)
코오니Conio 백작으로 불리던 인물로 이
탈리아 최초로 용병군대를 조직했다.

서도 말했다시피 그들이 위험이나 고생을 피하고자 했기 때
문이었다. 그렇게 그들은 이탈리아를 예속과 굴욕으로 몰아
넣었다.

제13장

원군, 혼성군,
그리고 자신의 군대

원군은 도시를 방어하기 위해 힘 있는 통치자에게 요청해 받은 군사들인데, 쓸모없기로는 용병과 다를 게 없다. 최근에는 교황 율리우스 2세가 페라라 공국 원정 때 원군을 이용했다. 자기가 고용한 용병대가 전투에서 형편없는 꼴을 보이자 율리우스 2세는 에스파냐의 페르난도 5세(= 아라곤의 페르난도 2세)와 교섭하여 군사원조 약속을 받아냈다. 그런데 원군은 눈앞의 목표를 달성하는 데에는 효과적이고 유용할 수 있겠으나 정작 원군을 불러들인 자에게 있어서는 언제나 역효과에 가까운 결과를 만들어내곤 한다. 왜냐하면 그들이 패배한다면 불러들인 자도 패배하는 셈이며, 그들이

〈**라벤나전투에서 전사한 가스통 드 푸아**〉(1824), 아리 셰페르 작품
라벤나전투(1512)는 가스통 드 푸아가 이끄는 프랑스-페라라 공국군과 신성동맹을
맺은 에스파냐-교황령 군대가 맞붙은 전투로 승기를 잡았던 가스통 드 푸아가 전사
하면서 프랑스는 이탈리아에서의 지배력을 잃게 되었다.

승리한다면 불러들인 자가 그들의 포로가 될 것이기 때문이
다. 이런 사례는 고대 역사 속에서 얼마든지 찾을 수 있다.
그리고 그건 교황 율리우스 2세도 마찬가지였다.

　율리우스 2세는 페라라 공국 하나를 얻기 위해서 외국
원군에 자기를 완전히 내맡겨 버리는 경솔한 선택을 했다.
그러나 그는 운이 좋았다. 예상 밖의 결과가 그의 그릇된 선
택으로 초래되었을 법한 일을 무마해주었던 것이다. 예상

밖의 결과란 그의 요청으로 온 에스파냐 원군이 라벤나에서 패배했을 때 스위스가 나타나서 교황을 포함한 모든 이들의 예상을 깨고 페라라의 지원국으로서 그때까지 승승장구해 온 프랑스를 궤멸시켜 버린 것이었다. 이로써 율리우스 2세는 적군이 이미 달아났으므로 적군의 포로가 될 일이 없었고, 원군이 그에게 승리를 안겨준 것도 아니었으므로 원군의 포로가 될 일도 없었다.

반면 군사력을 전혀 보유하지 않았던 피렌체인들은 피사를 포위하고자 1만 명의 프랑스 원군을 불러들였는데, 이 결정으로 인해 다사다난했던 그들의 역사를 통틀어서도 겪어본 적 없었던 큰 위험에 처하고 말았다. 또 콘스탄티노플의 황제는 이웃과 싸우기 위해 1만 명의 오스만튀르크를 그리스로 불러들였는데, 그들이 전쟁이 끝난 이후에도 돌아가지 않으면서 이교도들에 의한 그리스 지배가 시작되었다.

물론 진정한 승리를 원하는 게 아니라면 원군에 의지해도 좋다. 원군은 굳게 단결된 군대이며, 그들 한 명 한 명은 다른 누군가를 향한 충성심과 복종심을 품고 있다. 때문에 원군은 용병보다 훨씬 더 위험하고, 그들을 이용하는 군주는 반드시 몰락하게 된다.

반면 승리를 거둔 용병부대가 자기들을 고용한 군주를 공격하게 되기까지는 시간이 걸리고, 공격할 만한 적절한 기회도 있어야 한다. 이는 용병부대가 공고히 단결된 군대가 아니기 때문이며, 군주에게 선택되고 군주에게 돈을 받기 때문이다. 그러므로 군주 덕에 대장 자리에 앉은 자가 군주의 상대가 될 만한 권위를 확보하는 데 시간이 걸리는 것이다.

요컨대 용병부대의 위험요인은 그들의 우유부단함이며, 원군의 위험요인은 그들의 결단력이다. 그래서 현명한 군주는 원군과 용병의 사용을 늘 피해왔다. 대신 그들은 자기 사람들에게 의존했고, 심지어는 다른 이들의 군대로 이기기보다 자기 군대로 지는 편을 선호했다. 이는 외국의 군대를 빌려 얻은 승리는 절대로 진정한 승리가 될 수 없다는 원칙에 따른 것이었다. 그런 의미에서 체사레 보르지아는 좋은 사례가 된다.

보르지아는 처음 로마냐를 침략할 때 프랑스 원군으로 구성된 군대만을 이용했다. 그리고 이몰라와 포를리를 차지하는 데 성공했다. 하지만 원군을 신뢰할 수 없다고 판단하고는 덜 위험한 선택지로서 오르시니와 비텔리의 용병대들을 고용했다. 그러나 이내 그들이 전투에서 주저한다는 것과 충성스럽지 않으며 위험하다는 것을 알아차렸다. 결국 보르지아는 음모를 뒤집어씌워 용병대장들을 죽였고, 대신 자기 사람들을 훈련시켰다.

보르지아가 프랑스 군대만을 이용했을 때, 오르시니와 비텔리의 용병대를 이용했을 때, 그리고 자기 병사들을 이용하고 자신의 기략에 의지했을 때 그의 지위가 각각 어떠했는지를 생각해본다면 각 군대들이 서로 어떻게 다른지를 쉽게 이해할 수 있을 것이다. 이러한 변화를 거치면서 보르지아의 명성은 점점 높아졌고, 마침내 그가 완전히 군대를 장악하는 모습을 사람들에게 보였을 때 비로소 그는 진정으로 존경받게 되었다.

최근 이탈리아에서 있었던 사례들만을 살펴볼 계획이었으나, 앞에서도 언급한 시라쿠사의 히에론 이야기를 빼놓을 수 없을 것 같다. 앞서 설명한 대로 시라쿠사군의 사령관이 되었을 때 히에론은 즉시 용병들이 쓸모없다는 사실을 깨달았다. 현재 우리 이탈리아의 용병대장들과 같은 사내들이 구태의연한 방식으로 지휘하고 있었기 때문이었다. 그들을 그대로 이용할 수도, 그대로 보내줄 수도 없었다. 결국 히에론은 그들을 모두 산산조각 내버렸다. 그리고 그 자리를 자신의 병사들로만 채우고 그들로만 전쟁을 치렀다.

나의 논리를 증명해줄 이야기는 《구약성서》에서도 찾을 수 있다. 다윗이 팔레스타인의 골칫거리였던 골리앗을 찾아가 싸우겠다고 했을 때였다. 이스라엘 왕국의 첫 번째 왕 사울은 다윗의 용기를 북돋우기 위해 자신의 무기들을 내주었다. 그러나 다윗은 그 무기들을 착용해 보고

〈샤를 7세의 대관식에 참석한 잔 다르크〉
팡테옹의 벽화
샤를 7세는 잔 다르크의 도움으로 잉글랜드인들을 프랑스 땅에서 몰아내고 군주국의 행정을 강화하는 데 성공했다.

는 잘 활용할 자신이 없다며 거절했다. 대신 자신에게 익숙한 자신의 투석기와 단검으로 적과 맞서겠다고 했다. 다시 말하지만 타인의 무기는 너무 헐겁거나 너무 무겁거나 혹은 너무 빽빽할 뿐이다.

루이 11세의 아버지인 샤를 7세도 그랬다. 행운과 훌륭한 지도력을 통해 영국을 프랑스 바깥으로 몰아냈을 때 샤를 7세는 군주라면 자신의 군대를 가져야 한다는 점을 깨달

고 기병과 보병으로 구성된 상비군을 조직했다. 그런데 그의 아들 루이 12세는 보병대를 해산시키고 스위스 용병대를 고용하는 실책을 저질렀다. 그 결과 군대 전체가 약화된 것은 물론이고, 스위스 용병의 명성만 드높아졌다. 또한 현시점에서 명백하게 알 수 있듯, 그 실책은 오늘날 프랑스가 이탈리아에서 패배하는 결과를 낳고 말았다.

보병 없이는 기병이 제 역할을 할 수 없다. 때문에 루이 12세의 기병은 보병인 용병의 지원을 받지 않으면 안 되었고, 스위스 용병들과 나란히 싸우는 데 익숙해지고 나자 그들 없이는 승리할 수 없다고 여기기 시작했다. 결과적으로 프랑스인들은 전투에서 스위스인들보다 우위에 설 수 없게 되었으며, 용병의 도움 없이는 누구와도 전투하려 하지 않았다. 그러자 프랑스군은 용병 일부와 프랑스인 일부가 섞이는 혼성군의 양상을 띠게 되었다.

혼성군은 단일 원군이나 단일 용병대보다는 훨씬 낫지만, 자국민으로 구성된 군대보다 좋을 수는 없다. 그 증거가 바로 프랑스다. 왜냐하면 만일 샤를 7세가 조직했던 상비군이 지금까지 이어오면서 더 강해졌거나, 아니 그대로 유지만 했더라도 오늘의 프랑스를 이길 자는 없었을 것이기 때문이다. 그러나 인간은 무릇 몰지각해서 그 안에 독이 들어 있다는 사실도 모른 채 그저 입에 맛있는 음식을 선택하는 법이다. 앞에서도 언급했던 것처럼 치료시기를 놓칠 때까지 결핵을 진단하지 않는 것과 같다.

〈고트족의 다뉴브강 정착을 허용하는 발렌스〉
로마 제국은 5세기경 남하한 스칸디나비아반도에서 기원한 동부 게르만족의 일파인 고트Goth족을 변방에 거주하게 하는 한편 용병으로 고용함으로써 훗날 침략의 단초를 마련해주는 실수를 범했다.

문제가 발생하기 시작할 때까지도 그것을 알아채지 못하는 자라면 그는 실상 유능한 군주가 될 수 없다. 그러나 이러한 재능을 가진 군주는 거의 없다. 로마 제국이 몰락한 원인을 찾아 거슬러 올라가면 고트족을 용병으로 고용하기 시작했을 때에 이르게 된다. 그 순간부터 제국의 세력은 기울기 시작했으며, 제국의 것이었던 용맹함은 그대로 경쟁세력에게로 옮겨가 버렸다.

결론짓건대, 어떤 국가든 자국의 군대 없이는 안심할 수 없다. 위기에 처했을 때 군대가 결연하고 충성스럽게 국가를 방어하지 않는다는 것은 그저 운명에 내맡기는 것과 다르지 않다. 이를 이해하고 있는 자라면 늘 명심하고 되뇌어야 할 말이 있다.

"자기 군대의 힘에 기초하지 않은 권력의 명성보다 더 취약하고 불안정한 것은 없다."

자기 군대란 곧 군주의 민중이나 군주에게 의존하는 자들로 구성된 군대를 말한다. 그 외의 무력은 용병대이거나 원군들이다. 군주의 군대를 조직하는 방법을 알고자 한다면 앞서 언급한 보르지아 • 히에론 • 다윗 • 샤를 7세 등 네 명과 알렉산드로스 대왕의 아버지 필리포스, 그리고 여러 군주와 공화국들이 자기 군대를 어떻게 조직하고 관리했는지를 살펴보면 된다. 나는 그들을 전적으로 신뢰하고 있다.

제14장

군주는 자기 군대를 위해
무엇을 해야 하는가

군주는 전쟁, 군대의 편제와 기강 이외의 다른 무언가를 목표로 삼거나 고려해서는 안 되며 다른 직무를 가져서도 안 된다. 이것이 통솔하는 자에게 부여된 유일한 사명이다. 전쟁의 기술은 매우 강력한 것이어서 권력을 타고난 자들이 권좌를 지킬 수 있게 해줄 뿐만 아니라 종종 일반 시민을 권력자의 자리에 올려주기도 한다. 반대로 전쟁보다 그 외의 것들을 더 고려하는 군주는 권좌를 잃게 된다. 실제로 군주의 몰락을 불러올 가능성이 가장 큰 요인은 바로 군사 전술에 관한 군주의 무지다. 이는 곧 군주에게 권력을 가져다줄 가능성이 가장 큰 요인이 군사 전술에 대한 전문가가 되는 일이라는 의미가 된다.

　일개 서민이었던 프란체스코 스포르차는 자기 군대를 거느린 덕분에 밀라노 공작이 될 수 있었다. 반대로 군대를 꺼렸던 그의 아들들은 공작에서 서민으로 전락했다. 군대를 제대로 갖추지 않았을 때 발생하는 여러 부정적 결과 중 하나는 민중이 군주를 한심하게 여긴다는 것인데, 나중에 다시 설명하겠지만 군주는 그러한 오명을 반드시 피해야 한다. 사실상 군대를 소유한 군주와 그렇지 않은 군주는 비교의 상대가 되지 않는다.

　군대를 지휘하는 자가 그렇지 않은 자에게 자진하여 복종할 리도 없으며, 군대를 지휘하지 않는 자가 군대를 지휘하는 자를 종으로 둔 채 안전하게 살 리도 없다. 다른 난점들은 차치하고서라도, 군주가 군사문제에 정통하지 않고서는 병사들의 존경을 받을 수 없는 것이다. 그런 상황이 되면 군주는 병사를 의심하게 된다. 군주를 경멸하는 군대와 군대를 의심하는 군주가 협력하기란 불가능하다.

　그러므로 군주는 군사훈련을 게을리해서는 안 되고, 이러한 훈련은 전시보다 오히려 평시에 더 열성적이어야 한다. 훈련의 방법은 두 가지가 있는데, 하나는 물리적인 방법이며 하나는 정신적인 방법이다. 물리적인 방법이란 병사들을 훈련시키고 기강을 가다듬는 일 외에도 사냥으로 신체를 단련시키는 것을 말한다. 특히 군주는 사냥을 통해 다양한 자연지형, 즉 산들이 어떻게 솟아 있고 골짜기는 어떻게 갈라져 있으며 평야는 어떻게 펼쳐져 있는지를 익힐 수 있다. 군주에게 자연지형은 진심으로 관심을 기울여야 하는 대상이다. 그 이유는 다음 두 가지로 요약할 수 있다.

첫째, 군주는 자신의 나라를 파악하게 되면 어떻게 방어해야 하는지를 보다 잘 알게 된다. 둘째, 이러한 장소에 친숙해지면 가본 적 없는 곳에 가서도 그곳 지형을 파악하기 쉽다. 예를 들면 토스카나의 언덕, 골짜기, 평야, 강과 습지들은 다른 지역의 지형들과도 공통점이 많다. 따라서 특정지방의 지형을 잘 파악하고 있으면 다른 지역의 지형도 쉽게 파악할 수 있는 것이다. 지형에 대한 이해는 지휘관으로 반드시 갖추고 있어야 하는 요건으로서 적을 찾는 일, 군대를 올바른 길로 이끄는 일, 야영지를 찾는 일, 전투계획을 수립하고 도시를 포위하는 일 등을 가능한 한 잘할 수 있도록 도와준다. 따라서 군주에게 이러한 지식이 없다는 것은 그가 지휘관으로 갖추어야 할 첫 번째 자질을 갖추지 못했다는 의미가 된다.

역사가들은 고대 발칸반도 남쪽에 존재했던 아카이아의 지도자 필로포이멘을 하나같이 칭송한다. 그 이유 중 하나는 그가 평시에서도 군사전략밖에 생각하지 않았다는 것이다. 그는 야외에 나갈 때마다 동료들에게 다음과 같이 물었다.

"만일 적군들이 저쪽 언덕에 있고 우리 군사들이 여기에 있다고 한다면 누가 더 좋은 위치를 차지한 셈인가?"

"어떻게 하면 대오를 유지하면서 저들을 공격할 수 있겠는가?"

"만일 퇴각하기로 한다면 어떻게 퇴각해야 하는가?"

"만일 그들이 퇴각한다면 우리는 어떻게 그들을 추격해야 하는가?"

필로포이멘은 동료들과 함께 다니면서 군대가 처할 수 있는 모든 위험에 관해 이야기를 나누었다. 그리고 동료들의 의견에 귀를 기울였고, 그 역시 의견을 말하고 설명했다. 그토록 꾸준히 정신적 대비를 해온 덕분에 다시 자기 군대를 이끌게 되었을 때 그는 어떤 돌발적 상황에서도 당황하지 않고 대처할 수 있었다.

군주가 정신을 단련하기 위해 반드시 해야 하는 일이 또 있다. 바로 역사, 특히 위대한 지도자들과 그들의 업적에 관한 글들을 읽는 일이다. 위인들이 전시에 어떤 전략을 구사했는지 살펴보고 승패의 요인들을 연구함으로써 실패를 피하고 성공을 모방할 수 있어야 한다. 그들 역시 그들 이전의 위인들을 따라 했을 뿐이다. 알렉산드로스 대왕이 아킬레스Achilles를, 카이사르Caesar가 알렉산드로스 대왕을. 스키피오Scipio가 키루스를 본보기로 삼았던 것처럼 칭송받고 존경받아온 지도자 한 명을 본보기로 삼아 그의 사례와 업적들을 언제나 마음속에 지

필로포이멘Philopoemen
(BC.253~BC.183)
아카디아 메갈로폴리스의 정치가이자 아카이아 동맹의 지도자다. 필로포이멘 이후 고대 그리스는 이렇다 할 인물을 배출하지 못해 '최후의 그리스인'으로 불린다.

니고 있어야 한다는 말이다. 크세노폰Xenophon이 저술한 키루스의 전기인 《키로파에디아》를 읽는다면 키루스의 경험이 스키피오에게 얼마나 귀중한 것이었는지, 또 스키피오의 품위와 매력과 인성과 너그러움이 크세노폰이 설명한 키루스와 얼마나 가까운지를 알게 될 것이다.

현명한 지도자라면 이 조언들을 반드시 따라야 한다. 형세가 나빠졌을 때 활용할 수 있도록 평시라 하여 긴장을 늦추는 일 없이 위에서 설명한 일들을 최대한 실천해야 한다. 그렇게 만반의 준비를 한다면 운명이 등을 돌리더라도 반드시 극복할 수 있을 것이다.

제15장

인간, 특히 군주는
무엇으로 칭찬받고 비난받는가

이제 군주가 신하와 민중, 그리고 동료 등에게 어떻게 행동해야 하는지를 살펴보겠다. 많은 이가 이미 오래전부터 이 문제를 논해왔음을 고려할 때 혹여나 내 의견이 건방지게 들릴까 두렵다. 내가 제안하고자 하는 행동수칙이 상당히 논쟁적일 것이기 때문이다. 그러나 관심을 갖는 이들에게 유용할 만한 글을 쓰는 게 나의 목적이므로, 다른 이들의 주장을 되풀이하기보다는 이 문제의 진정한 진실을 말하는 것이 적절하다고 생각한다.

과거 수많은 논자가 자신의 경험과는 전혀 다르며 현실

에 존재한 적 없던 공화국과 군주제를 꿈꿔왔다. 그러나 어떻게 살아야 하는가 하는 이상과 어떻게 살고 있는가 하는 현실 간에는 커다란 차이가 존재한다. '어떻게 살아야 하는가'라는 이상에 매달려 현실에서 마땅히 해야 할 일을 놓친다면 자신을 지키기는커녕 재앙을 맞게 될 것이다. 덕 없는 자들이 대부분인 세상에서 홀로 늘 덕 있기를 자처하다가는 결국 좋지 않은 상황에 처하게 된다는 말이다. 그러므로 살아남기를 원하는 군주라면 적어도 상황이 요구할 때만이라도 덕을 포기하고 악인이 될 수도 있어야 한다. 그런 이유로 15장부터는 사람들이 군주에 대해 꿈꿔왔던 바는 제쳐두고 대신 현실에 집중하겠다.

대개 인간, 특히 대중의 시선에 많이 노출되어 있는 군주는 그가 지닌 품성에 의해 칭찬받거나 비난받는다. 누군가를 가리켜 후한 사람과 인색한 사람, 자애로운 사람과 탐욕스러운 사람, 잔인한 사람과 다정한 사람, 배신도 마다하지 않는 사람과 끝내 충성스러운 사람, 유약하고 두려움 많은 사람과 대담하고 용감한 사람, 조심스러운 사람과 거만한 사람, 문란한 사람과 순결한 사람, 솔직한 사람과 기만적인 사람, 완고한 사람과 선뜻 부응하는 사람, 근엄한 사람과 얄

팍한 사람, 종교적인 사람과 신앙심 없는 사람 등으로 평하는 것이다.

　그런데 만약 군주가 앞에 언급한 좋은 품성만을 가지고 있다면, 나쁜 품성은 하나도 가지고 있지 않다면 우리는 그를 칭송해 마지 않을 것이다. 그러나 인간은 본질적으로 그 모든 품성을 완전히 가질 수도, 갖지 않을 수도 없다. 따라서 군주는 그의 지위를 앗아갈 수도 있는 악덕에 따라붙는 오명들을 피하는 데 신경을 기울여야만 한다. 만약 그 악덕이 지위를 앗아갈 정도가 아니라면 가능한 한 피해야 하겠지만, 피할 수 없더라도 크게 우려할 필요는 없다. 나아가 권력을 유지하는 데 부정적인 품성이 필요하다면 그에 따라 붙는 악평 따위에는 개의치 않아야 한다. 도덕적으로 옳은 듯 보이지만 실제로는 군주를 파멸로 몰고 가는 것들이 존재하고, 그른 듯 보이지만 안보와 성공을 가져다주는 것들도 늘 존재하기 때문이다.

제16장

후함과
인색함

앞서 나열했던 품성 중에서 첫 번째로 '후함'에 대해 논하기로 한다. 후하다는 평은 좋은 것임은 틀림없다. 그러나 후하다는 평은 군주에게는 해가 된다. 후하다는 것이 원래 그러하듯, 진정한 호의에서 비롯되면 아무도 그것을 알아채지 못할 뿐만 아니라 오히려 다른 악평을 뒤집어쓰게 만든다. 그 이유는 다음과 같다.

타인으로부터 후하다는 평을 받기 위해서는 가능한 한 아낌없이 내주어야 한다. 그렇게 되면 당연히 군주는 이내 모든 재산을 탕진하게 될 것이고, 자기 평판을 유지하기 위해서 특별세를 부과하는 등 돈을 마련하기 위한 갖은 조치를 취하게 된다. 군주의 후함이 소수에게만 혜택을 주고 다수에게 해를 입히는 결과를 초래하는 것이다. 그 결과 민중은 군주를 미워하게 될 것이고, 끝내는 돈도 없고 착취만 하는 군주에게서 존경의 마음을 거두어갈 것이다. 이 지경이 되면 군주는 별것 아닌 최초의 어려움에도 불안해지고, 그 별것 아닌 위험에 쉽사리 무너진다. 심지어 군주가 잘못을 깨닫고 이전의 태도를 바꾸려고 하면 그 즉시 '인색하다'는 비난이 쏟아진다. 군주가 후하다는 세간의 평을 유지하려면 이런 위험들을 무릅써야만 하는 것이다.

따라서 현명한 군주라면 인색하다는 평판에 개의치 않아야 한다. 시간이 지나 그의 인색함이 곧 그가 세금을 걷어야 할 필요가 없고, 신민에게 짐을 지우지 않고서도 적의 공격으로부터 나라를 방어하며, 원정에 승리할 수 있다는 뜻임을 사람들이 알게 되면 군주는 저절로 후하다고 평을 받게 된다. 그때가 되면 무엇을 내주지 않아도 거의 모든 사람이 군주를 후하다고 말하게 된다. 다만, 특별한 혜택을 받지 못한 극소수의 사람들만이 군주를 인색하다고 여길 것이다.

우리 시대에 위대한 일을 해냈다는 평을 받는 지도자들은 모두 인색하다는 평을 받았다. 반면 그렇지 않은 자들은 모두 실패했다. 교황 율리우스 2세는 후하다는 평판을 이용하여 교황 자리를 얻은 뒤 전쟁자금을 마련하고자 기꺼이 그 평판을 내팽개쳤다. 현재 프랑스 왕 루이 12세는 꾸준한 검약으로 추가로 발생하는 군사비용에도 불구하고 새로운 세금을 걷는 일 없이 수많은 전쟁을 치러냈다. 마찬가지로, 에스파냐의 페르난도 5세가 후하다는 평판에 연연했다면 지금까지의 그 모든 전쟁에서 승리를 거두지 못했을 것이다.

그러므로 만일 군주가 자기 나라를 방어하려면, 신민이나 다른 이들을 약탈하지 않으려면, 곤궁에 처해 멸시받지 않으려면, 탐욕스러운 군주가 되지 않으려면 '인색하다'는 평판을 대수롭지 않게 여길 필요가 있다. 인색함은 확실히 부정적인 성품이다. 하지만 권력을 유지시켜 주는 성품 중 하나이기도 한 것이다.

누군가는 "카이사르는 후했기 때문에 제국을 얻을 수 있었고, 다른 많은 이도 후하게 베풀고 또 후한 사람으로 비추어진 덕분에 최고의 지위에 올랐다"고 반박할 수도 있다. 그러면 나는 "권력을 가진 자와 권력을 가지려는 자는 달리 보아야 한다"고 답하겠다. 이미 권력을 가진 군주에게 후함은 위험한 것이지만, 권력을 가지려는 사람에게는 반드시 필요한 것이다. 카이사르가 후했던 것은 그가 로마의 황제가 되고자 했던 많은 사람들 중 한 명이었기 때문이었다. 하지만 만일 그가 권력을 잡은 이후 황제로서 오랫동안 살면서 그러한 씀씀이를 이어갔더라면 필시 추락하고 말았을 것이다.

또 누군가는 "전쟁에서 위대한 승리를 거뒀던 통치자 중 대부분은 지극히 후하다는 평을 받았다"라고 할 수도 있다. 그러면 나는 "군주가 쓰는 돈에는 자신의 것도, 신민의 것도, 다른 누군가의 것도 있다"고 답하겠다. 만약 자신의 돈이나 신민의 돈을 쓰고 있다면 검약해야 하지만, 다른 누군가의 돈을 쓰고 있다면 얼마든지 후해도 된다. 자기 군대를 이끌고 정복자로서 약탈, 착취를 통해 생활하는 군주는 다른 이들의 돈을 쓰고 있는 셈이니 그 돈은 후하게 써야 한다. 이 경우에 후하지 않으면 병사들이 그를 따르지 않을 것이다. 원래 군주 소유의 것도 아닌 만큼 키루스, 카이사르, 알렉산드로스 대왕이 그랬던 것처럼 가능한 한 후하게 퍼주는 것이 좋다. 다른 이의 돈을 쓴다고 군주의 평판은 나빠지지 않는다. 오히려 명성을 드높여준다. 군주를 위태롭게 만드는 것은 군주 자신의 돈을 낭비하는 것뿐이다.

후한 것만큼 자기 소모적인 것이 없다. 왜냐하면 후하게 베푸는 과정에서 앞으로 베풀 것까지 탕진해버리기 때문이다. 후한 군주는 곤궁에 빠져 멸시를 당하게 되거나, 곤궁을 피하려다가 탐욕스럽게 될 것이다.

군주는 무엇보다도 얕보이거나 미움받는 것을 경계해야 하는데, 후함은 군주를 이 두 가지 중 하나로 이끈다. 반면 인색하다는 평판을 유지하면 비난은 받더라도 민중에게 미움받는 일은 없다. 그러므로 후하다는 평판을 유지하려다가 결국 탐욕에 눈이 멀었다고 미움을 받는, 즉 오명과 미움을 모두 얻게 되는 편보다는 애초에 인색한 편이 훨씬 더 분별 있는 일이라 하겠다.

제17장

잔인함과 자비로움, 두려움의
대상이 되는 것과
사랑받는 것 중 어느 것이 나은가

성품에 대하여 계속 논하자면, 나는 모든 군주가 잔인하다
는 평판보다 자비롭다는 평판을 받고 싶어 할 것이라 확신
한다. 하지만 군주는 자비를 잘못 사용하지 않도록 주의해
야 한다. 체사레 보르지아는 잔인한 지도자로 통했지만, 그
의 잔인함은 질서를 확립하고 지역을 통일시켜 로마냐를 평
화롭고 충성스럽게 만들었다. 생각해보면 잔인하다는 평판
이 두려워 피스토이아의 재앙을 방치했던 피렌체인들보다
보르지아가 훨씬 더 자비로웠다는 것을 알게 될 것이다.

그러므로 신민의 충성과 단결을 유지하는 게 중요한 군
주라면 잔인하다는 평을 받을까 우려해서는 안 된다. 자비

를 과하게 베풀었다가 민중의 무질서와 약탈, 살해를 초래하는 군주보다 약간의 가혹한 본보기를 보여 질서를 유지하는 군주가 더 자비롭다고 평가될 것이기 때문이다. 무질서와 같은 종류의 문제는 모두에게 피해를 주지만, 군주가 내리는 사형선고는 오직 그와 관련된 개인들에게만 영향을 미칠 뿐이다.

그런데 군주 중에서도 특히 새롭게 권력을 획득한 자는 어찌 되었든 잔인하다는 평판을 피해갈 수 없다. 이는 새로이 정복한 국가에는 위험한 요소가 매우 많기 때문이다. 베르길리우스는 여왕 디도의 입을 빌려 다음과 같이 말한다.

"이 난관과 내 왕국의 새로움이
나로 하여금 이러한 일을 하게 만들었고,
그 결과 사방의 국경을 지켜냈노라."

이런 경우에라도 군주는 누군가의 험담을 곧이곧대로 믿거나 한 번 더 생각해보기 전에 말부터 해서는 안 된다. 또 아무것도 아닌 일에 놀라서도 안 된다. 냉정하고 신중하며 인도적으로 일을 해나가야 하는 것이다. 다시 말해 지나친 확신으로 너무 쉽게 믿어서도, 지나친 불신으로 자신을 괴로움에 빠뜨려서도 안 된다.

이러한 고찰은 "사랑받는 것보다 두려움의 대상이 되는 편이 더 나은가, 혹은 그 반대인가?"라는 질문을 불러일으킨다. 누구나 그 두 가지를 모두 바랄 것이지만, 이 둘은 양

〈**디도에게 트로이전쟁을 설명하는 아이네이아스**〉(1815), 피에르나르시스 게랭 작품
디도는 아이네이아스의 전설에 등장하는 카르타고의 여왕으로 로마의 시인 베르길리우스Vergilius가 쓴 서사시 《아이네이스》의 주요 인물 중 한 명이다.

립하기가 결코 쉽지 않다. 그래서 둘 중 하나를 선택해야 한다면 사랑받는 것보다는 두려움의 대상이 되는 편을 선택하는 것이 훨씬 안전하다. 인간이란 본시 감사할 줄 모르고 신뢰할 수 없으며, 거짓말하고 날조하며, 돈을 탐하고 위험이 닥치면 도망쳐 버리기 때문이다. 군주가 후하게 베푸는 한, 그리고 앞서 말했듯 급박한 위험에 처해 있지 않은 한 그들은 군주의 편에 설 것이며 군주를 위해 피를 흘리고자 할 것이다. 또한 그들 자신의 재산과 목숨과 아이들을 군주에게 바치고자 할 것이다.

그러나 그것은 당장 그럴 필요가 없을 때뿐이다. 정작 군주가 그들을 필요로 하면 그들은 냉정하게 군주에게 등을 돌릴 것이다. 따라서 군주가 그들의 약속에 전적으로 의존하여 다른 예방조치를 소홀히 하면 반드시 몰락하고 만다. 군주의 정신과 업적을 선망해서 바치는 우정이 아니라 군주가 준 것에 대한 대가로서 생긴 우정은 지불한 것만큼의 가치는 있지만, 군주는 그 우정을 끝끝내 소유할 수 없다. 그리고 이후 정작 필요할 때 그 우정에 의지할 수도 없다.

인간은 두려워하는 사람보다 사랑하는 사람을 더 쉽게 배신한다. 사랑은 감사라는 끈으로 이어져 있는데, 인간은 사악한 존재라서 자기 이해와 얽히는 순간 사랑으로 이어진 그 끈을 쉽게 끊어버린다. 반면 두려움은 처벌에 대한 두려움을 내포하고 있기 때문에 절대로 잊히지 않는다.

어쨌건 군주는 두려움의 대상이 되어야 한다. 또한 사랑을 받지 못하더라도 미움을 받는 일만큼은 절대로 피해야 한다. 두려움의 대상이 되는 일과 미움의 대상이 되지 않는 일은 얼마든지 양립할 수 있다. 자기 신민의 재산과 그들의 여자들에게 손만 대지 않으면 된다. 또 누군가를 죽이는 일에는 반드시 정당하고 분명한 이유가 있어야만 한다.

무엇보다도 군주는 다른 이의 재산을 압수해서는 안 된다. 인간은 자기 아버지의 죽음보다 아버지가 남긴 유산을 빼앗긴 일을 더욱 오래 기억하는 법이다. 게다가 사람들의 재산을 빼앗을 이유는 늘 존재하고, 그렇게 약탈을 일삼아 온 군주는 더 많이 빼앗을 수 있는 이유 또한 얼마든지 찾아낸다. 반면 사람을 죽이는 이유는 찾기도 어렵고 찾았더라도 빠르게 사라져 버린다.

특히 대규모의 자기 군대를 이끄는 군주라면 무엇보다도 잔인하다는 평판을 듣는 데 가책을 느껴서는 안 된다. 잔인하다는 평판을 듣지 못한다면 한니발처럼 군대를 단결시

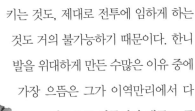

한니발 바르카 Hannibal Barca
(BC.247~BC.183?)
고대 카르타고의 군사 지도자로 역사상 가
장 위대한 군사령관, 최고의 전략가로 평
가된다. 제2차 포에니전쟁 때 코끼리 부대
를 이끌고 이베리아반도에서 피레네산맥
과 알프스산맥을 넘어 이탈리아반도까지
쳐들어간 것으로 유명하다.

키는 것도, 제대로 전투에 임하게 하는 것도 거의 불가능하기 때문이다. 한니발을 위대하게 만든 수많은 이유 중에 가장 으뜸은 그가 이역만리에서 다인종으로 이루어진 대규모 군대를 이끌고 있었음에도 불구하고 전투의 승패와 관계없이 병사들이 자기들끼리 분란을 일으키거나 지도자들을 상대로 반란을 일으킨 적이 없다는 것이다. 그것은 한니발의 무시무시한 잔인함으로밖에는 설명할 방법이 없다. 즉, 셀 수 없이 많은 한니발의 긍정적인 성품들과 지독한 잔인함이 병사들로 하여금 한니발을 존경과 공포의 대상으로 보게 만들었던 것이다. 만약 잔인함이 없었다면 긍정적인 자질들만으로는 그러한 성과를 이룰 수 없었을 것이다. 그런데도 생각 없는 역사가들은 그를 평가할 때 그의 업적을 칭찬하면서도 그것을 가능케 만든 잔인함은 비난하고 있다.

한니발이 긍정적 성품들만으로는 그만큼의 업적을 이룰 수 없었다는 것을 확인하려면 스키피오 아프리카누스를 보면 된다. 스키피오는 그가 살았던 시대뿐만 아니라 역사시대를 통틀어서도 다시 찾기 힘든 훌륭한 사령관이었다. 하지만 그는 에스파냐에서 자기 군대가 일으킨 반란과 마주해야 했다. 관대함이 지나쳐 기강에 도움이 되지 않을 정도의 과도한 자유를 병사들에게 허용한 탓이었다. 이 일을 두고 스키피오의 정적이었던 파비우스 막시무스는 원로원에서 스키피오가 로마 군대를 망쳐놓았다고 비난하기도 했다.

　스키피오의 과오는 또 있었다. 바로 스키피오가 점령한 이탈리아반도 남쪽의 도시 로크리를 그의 부하 장수 플레미니우스가 약탈했을 때의 일이다. 이 일이 발각되었을 때 스키피오는 도시 주민들에게 보상을 해주지도 않았고, 그 부하 장수의 오만방자한 행위를 처벌하지도 않았던 것이다. 이 모든 것은 스키피오의 너그러운 성격 탓이었다. 그래서 이 약탈사건으로 원로원에서 논쟁이 있을 때 어떤 사람은 "스키피오는 다른 이들의 실수를 처벌하는 것보다 스스로 실수를 저지르지 않으려고 노력하는 사람 중 하나일 뿐"이라고 스키피오를 변호해야만 했다. 만약 스키피오가 그런 성품으로 계속 군대를 이끌었다면 그 성품은 점차 그의 명성을 깎아내리고 그의 영광을 줄어들게 만들었을 것이다. 그러나 다행히도 스키피오는 원로원의 지시를 따랐다. 그 덕분에 그의 결점은 가려졌고 그의 명성은 더 높아졌다.

이제 두려워하는 대상 혹은 사랑받는 대상의 문제로 돌아가자. 결론짓건대, 민중이 군주를 사랑하는 것은 자기 안위를 위해 민중 스스로 결정한 일이다. 하지만 민중이 군주를 두려워하는 것은 군주가 결정하는 일이다. 그러므로 현명한 군주라면 민중에게 미움을 받지 않도록 노력하는 동시에 다른 사람이 통제하는 것이 아니라 자신이 통제할 수 있는 것에 권력의 근거를 둬야 한다.

제18장

군주와
그의 약속들

군주가 약속을 지키며 기만하지 않고 정직하게 산다는 것은 실로 존경받아 마땅한 일이다. 그러나 우리 시대에는 약속에 그다지 신경 쓰지 않고서도 위대한 일을 해냈던 지도자들도 있었다. 교활함으로 적의 허점을 찔렀던 그들은 정직하게 행동했던 지도자들보다 더 많은 것들을 이뤘다. 여기에서 유념해야 할 것은 전투를 치르는 데 두 가지 방식, 즉 법을 통한 방법과 힘을 통한 방법이 있다는 것이다.

일반적으로 인간은 법을 사용하고 야수는 힘을 사용한다. 그러나 법만으로 부족할 때에는 힘에 의지해야 한다. 그

〈키론과 아킬레우스〉

키론Chiron은 반인반마의 종족인 켄타우로스 중 하나로 다른 켄타우로스와 달리 현명하고 뛰어난 학자였다. 악타이온, 아킬레우스, 이아손, 헤라클레스 등이 그의 제자들이었다.

렇기 때문에 군주는 인간성과 야수성 모두를 이용할 수 있어야 한다. 고대의 저술가들은 군주에게 이러한 교훈을 일깨워 주기 위해 우화를 이용했다. 예를 들면 아킬레우스 등 수많은 지도자가 켄타우로스 키론에게 맡겨져 어떤 방식으로 양육되고 훈육되었는가를 주로 다뤘다. 즉, 반은 인간이고 반은 짐승인 자를 스승으로 내세움으로써 군주는 두 가지 본성을 모두 끌어낼 줄 알아야 한다는 것을 말한 것이다. 이는 둘 중 하나라도 결여되면 그 군주의 권력은 오래 유지될 수 없다는 의미이기도 하다.

이처럼 군주는 짐승처럼 행동할 줄 알아야 하는데, 그중에서도 여우와 사자의 특징을 닮아야 한다. 사자는 덫으로부터 자신을 방어할 수 없으며 여우는 늑대들로부터 자신을 방어할 수 없다. 즉, 함정을 발견하기 위해서는 여우여야 하고, 늑대를 쫓아버리기 위해서는 사자여야 하는 것이다. 여우를 잊고 그저 사자처럼 용맹만 앞세우는 군주는 어리석기 짝이 없는 자다.

따라서 현명한 군주는 약속을 지킴으로써 화를 자초하게 되는 경우이거나 애초에 약속을 했던 이유가 더 이상 유효하지 않은 경우에는 그 약속을 지키지 않는다. 아니, 지켜서는 안 된다. 만일 모든 사람이 선량하다면 이 조언은 나쁜 조언이 될 것이다. 하지만 애석하게도 인간은 사악한 존재다. 따라서 그들은 군주에게 한 약속들을 지키지 않을 것이므로 군주 또한 그들과 맺은 약속을 지킬 필요가 없다. 게다가 군주는 약속 불이행을 정당화하는 그럴듯한 해명거리를 끝도 없이 찾아낼 수 있다. 이런 사례는 최근만 해도 얼마든지 있다. 불성실한 군주들 때문에 많은 평화 조약들과 약속들은 무효로 돌아갔고, 이처럼 여우의 기질을 발휘하는 데 능했던 군주가 그렇지 않은 군주보다 더 큰 성공을 거뒀다.

하지만 여기에서 중요한 것은 교활함을 위장하는 방법, 하나를 가장하여 다른 하나를 은폐하는 방법을 잘 알아야만 한다는 것이다. 인간은 단순하고 눈앞의 일에 사로잡혀 있기 때문에 속이려고만 하면 속을 준비가 된 사람들은 얼마든지 쉽게 찾을 수 있다. 이를 설명하는 데 가장 적절한 최근의 인물을 꼽자면 교황 알렉산데르 6세라 하겠다. 그는 사람들을 속이는 일만 생각했고, 속이는 일만 했다. 그리고 늘 속일 수 있는 사람들을 찾아냈다. 알렉산데르 6세보다 더 설득력 있는 약속들을 내놓은 사람도 없었고, 그보다 약속을 믿게끔 한 사람도 없었으며, 그보다 약속을 지키지 않은 사람도 없었다. 그리고 약속을 기반으로 한 그의 기만술은 언제나 성공을 거뒀다. 바로 인간의 본성을 아주 잘 이해하고 있었던 것이다.

물론 지금까지 언급한 도덕적인 성품들을 모두 가져야 할 필요는 없다. 그러나 그것들을 가지고 있는 것처럼 보일 필요는 있다. 좀 더 솔직히 말하면 그 모든 성품을 갖추고 언제나 그에 따라 행동하는 것은 위험을 자초하는 일이다. 오히려 도덕적인 것처럼 보이는 게 좋다. 자비롭고 약속을 잘 지키며, 인도적이고 정직하며, 독실한 것처럼 보이기만 하면 되는 것이다. 더불어 위협을 받는 순간 태도를 바꿔 정반대의 사람이 될 준비가 언제든 되어 있어야 한다.

모름지기 군주는 좋은 사람이라는 평판을 불러오는 행동

만 할 수 없다는 것을 알아야 한다. 특히 새롭게 권력을 잡은 군주라면 더욱 그러하다. 권력을 유지하려면 어쩔 수 없이 신의와 관용, 도리와 종교를 거스르는 행동을 해야만 하기 때문이다. 중요한 것은 운명이나 상황이 요구하는 대로 자유자재로 방향을 바꿀 수 있어야 한다는 것이다. 앞에서도 말한 것처럼, 군주는 가능한 한 선함을 고집하되 상황에 따라 악함도 행할 줄 알아야 하는 것이다.

한번 더 강조하지만 군주는 앞서 말한 다섯 가지 덕목, 즉 완전히 성실하고 완전히 자비로우며 완전히 인간적이고 완전히 정직하며 완전히 독실한 것처럼 보여야 한다. 따라서 이에 어긋나는 행동을 하거나 말을 입 밖으로 내뱉지 않도록 주의해야 한다. 그중에서도 종교적으로 독실해 보이는 것보다 더 중요한 일은 없다.

군주를 직접 보거나 대면하는 민중이란 극히 제한적이다. 때문에 일반적으로 민중은 직접적인 경험보다 눈에 보이는 겉모습에 의거하여 판단한다. 눈으로 보는 것은 누구나 가능한 일이지만 직접 경험하는 이는 극히 소수일 뿐이다. 그리고 이 소수는 국가 권력을 등에 업고 있는 다수의 의견에 감히 반기를 들 용기를 내지 못한다. 인간은 누군가의 행위를 판단할 때 최종 결과만을 따진다. 감히 해명을 요

〈아라곤의 페르난도 2세와 카스티야의 이사벨의
결혼식 초상화〉
아라곤의 군주 페르난도 2세는 이사벨 1세와 결
혼하면서 카스티야의 공동군주로서 에스파냐에서
는 페르난도 5세로 불렸다. 이사벨 1세는 콜롬버
스의 신대륙 발견을 지원한 인물이기도 하다.

구할 수 없는 군주의 행위에 대해서는 더욱 그러하다. 군주가 국가를 정복하고 유지하기 위해 필요한 일을 한 것이라면 그가 쓴 수단은 언제나 명예롭게 여겨질 것이며 널리 칭송받게 될 것이다. 민중은 외양과 최종 결과로만 평가하고, 세상은 그런 민중으로 가득 차 있다. 그리고 다수가 확고하게 지지받는 한 소수를 위한 자리는 없다.

오늘날 이름을 밝힐 수 없는 어떤 군주는 평화와 신의를 끝없이 역설한다. 그런데 실상 그는 평화와 신의 모두와 불구대천의 원수 사이다. 물론 그가 자신의 말처럼 평화와 신의 중 하나라도 지키고자 했다면 그는 자신의 나라나 지위를 몇 번이나 잃었을 것이다.

제19장

경멸과 미움을
피하는 일

지금까지는 성품 중 가장 중요한 것들을 논했으니 이제 다른 성품들에 대해서도 간략하게 살펴보고자 한다. 앞에서도 말했지만 군주는 미움이나 멸시를 받을 만한 행동을 반드시 피해야 한다. 이 원칙을 지켜낸다면 군주가 해야 하는 바를 다한 것이며, 앞에서 언급한 다른 악덕한 습관들로 손가락질을 받는다고 해도 지위가 위험해지는 일 따위는 없을 것이다.

군주는 신민의 재산과 여자를 몰수하고 빼앗을 때 큰 미움을 산다. 그러므로 군주는 이러한 일을 절대로 해서는 안 된다. 재산이나 명예를 빼앗지 않는 한 대부분의 민중은 충분히 만족하며 살 것이다. 야심을 가진 몇몇이 있기는 하지만, 이런 자들을 제압하는 방법은 다양하고 또한 어렵지도 않다.

한편 군주는 변덕스럽고 얄팍하며, 유약하고 겁이 많은 자로 보일 때 멸시를 받는다. 그러므로 마치 발부리에 걸리는 수많은 장애물을 피하듯 그러한 성품들을 피해야만 한다. 더불어 위엄 있고 기백 넘치며 진중하고 강인하다는 인상을 줄 수 있는 방식으로 행동해야 한다. 그리고 사람들 간의 논쟁을 해결할 때에는 자신의 결정이 최종적이라는 것을 명백히 해야 하며, 또한 군주를 속이거나 기만하는 일 따위는 상상조차 하지 못하도록 만들어야 한다.

군주는 이러한 인상을 풍길 때 높은 명성을 얻게 된다. 모름지기 명성이 드높은 자를 상대로 음모를 꾸미기는 어려운 법이다. 또한 군주가 민중에게 존경받는 한 외부의 적이 침략하기도 쉽지 않다. 군주는 두 가지 종류의 위험에 맞서야 하는데, 하나는 내부적 위험으로서 자기 신민에게서 비롯되는 것이고 다른 하나는 외부적 위험으로서 외국세력에게서 비롯되는 것이다.

후자의 경우에는 훌륭한 군대와 훌륭한 동맹들만 있으면 되는데, 훌륭한 군대를 가졌다면 훌륭한 동맹을 얻는 것도 어렵지 않다. 이렇게 대외적으로 안정되고 이미 진행 중인 음모도 없다면 자국의 안정은 저절로 보장된다. 혹시라도 외국세력이 공격해 온다고 해도 내가 제안했던 바대로 살아왔고 준비해온 군주라면 문제 될 것이 없다. 앞에서 설명했던 스파르타의 통치자 나비스처럼 그 어떤 공격에도 살아남을 수 있을 것이다.

좀 더 내부로 눈을 돌려보자. 외부로부터 오는 위협이 없을 때 군주는 신민이 자신을 상대로 음모를 꾸미지 않는지 주의를 기울여야 한다. 반란은 보통 미움이나 경멸에서 비롯된다. 따라서 가능한 한 미움과 경멸을 불러오는 행동은 피하고 사람들을 만족시켜야 하는 것이다. 이미 논했던 것처럼 이는 매우 중요한 일이다. 사실 반란을 예방하는 강력한 조치 중 하나가 바로 다수의 신민에게 미움을 받지 않는 것이다.

보통 반란을 꾀하는 자들은 군주를 죽이면 민중의 지지를 받을 것이라고 믿는다. 그러나 군주의 죽음이 민중의 노여움을 불러올 것 같으면 그들은 음모를 실행할 용기를 감히 내지 못한다. 반란이란 애초에 많은 어려움을 수반하는데, 여기에 민중의 노여움까지 더한다면 성공할 가능성은 없는 것이나 마찬가지기 때문이다.

경험상 수많은 반란이 있었지만 성공한 예는 드물다. 이유는 일단 반란이 단독으로는 가능하지 않다는 데 있다. 현 상황에 불만을 품었다고 여겨지는 자들 가운데 협조자를 찾아야 하는데, 그렇게 하려면 그에게 자신의 의도를 드러내야 한다. 이는 곧 그의 불만을 해소시킬 수 있는 수단을 주는 것과 같다. 왜냐하면 음모자를 배신하고 군주에게 고자질했을 때 얻을 수 있는 온갖 혜택들이 분명히 존재하기 때문이다. 물론 배신에 대한 혜택이 보장되어 있는데도, 또 반란이 위험천만한 일이라는 것을 알면서도 입을 다물고 신의를 지키는 자들도 있다. 바로 진정으로 의리가 있는 음모자의 친구이거나 현 통치체제에 통렬히 반대하는 자들이다.

요컨대 음모자 편에는 두려움, 시기, 그리고 살벌한 처벌에 대한 전망 외에는 아무것도 없다. 반면 군주 편에는 통치체제의 권위와 법, 그리고 친우들과 국가의 보호가 있다. 거기에 민중까지 군주 편에 서 있다면 미친 자라 할지라도 군주를 상대로 쉽게 반란을 일으킬 수는 없다. 왜냐하면 보통 음모자가 두려워하는 일들은 거사 이전에 발생하는 법인데, 이처럼 민중이 군주를 지지하고 있는 경우라면 거사에 성공하더라도 그 이후의 안전을 보장받을 수 없기 때문이다. 민중이 옛 군주 편에 선다는 것은 반란세력이 민중의 적이 되었다는 의미와 다르지 않으니 말이다.

이와 관련해서는 많은 사례가 있지만 나는 우리의 아버지 세대에 있었던 일 하나만 살펴보고자 한다. 현재 안니발레 영주의 조부 안니발레 벤티볼리오Annibale Bentivoglio는 볼로냐의 공작이었던 시절 칸네스키 가문의 음모에 빠져 암살당했는데, 당시 벤티볼리오 가문에서 유일하게 살아남은 그의 아들 조반니Giovanni는 갓난아기에 불과했다. 그럼에도 벤티볼리오 가문은 무사할 수 있었다. 암살 직후 민중이 들고일어나 칸네스키 가문을 몰살시켜 버린 덕분이었다. 이는 당대의 벤티볼리오 가문이 극히 두터운 신망을 받고 있었던 덕분이었다.

벤티볼리오 가문에 대한 민중의 신망은 실로 깊었다. 안니발레의 사망 이후 도시를 다스릴 수 있는 벤티볼리오 일족이 없자 볼로냐 주민들은 피렌체로 사람 하나를 찾아갔다. 그는 대장장이의 아들로서 벤티볼리오 가문의 피를 이

어받았다는 소문만 무성했던 자였다. 그런데도 볼로냐 주민들은 기꺼이 그에게 볼로냐를 다스려 달라고 요청했고, 그렇게 해서 어린 조반니가 자라날 때까지 벤티볼리오 가문의 일족이 아닐 수도 있었던 대장장이의 아들이 볼로냐를 다스렸다.

결론짓건대, 군주는 민중을 자기편에 두는 한 반란을 걱정할 필요가 없다. 하지만 민중이 군주를 미워하고 등을 돌리면 그때에는 모든 사람의 모든 동태를 세심하게 살펴야 한다. 국정운영이 잘되는 국가나 현명한 군주는 귀족들을 실망시키지 않기 위해, 또 민중을 만족시키고 안심시키기 위해 할 수 있는 모든 노력을 다해왔다. 이것이야말로 군주가 반드시 수행해야 하는 가장 중요한 과제 중 하나다.

질서가 잘 잡혀 있고 훌륭히 다스려지는 우리 시대의 국가 중 하나가 프랑스다. 프랑스에는 국왕의 안녕과 행동의 자유를 보장하는 훌륭한 제도들이 많다. 그중 가장 중요한 것이 바로 고등법원과 고등법원의 권위다. 처음 프랑스의 국가구조를 건립했던 국왕은 귀족들의 야심과 거만함을 잘 알고 있었다. 그래서 그들을 통제하기 위해 그들의 입에 재갈을 물릴 필요가 있다고 생각했다. 또한 그는 민중이 얼마나 귀족을 싫어하고 두려워하는지도 잘 알고 있었다. 그래서 귀족으로부터 민중을 보호하는 데에도 주의를 기울였다. 그러나 이런 일은 국왕 개인의 책임이 되지 않도록 하는 게 중요했다. 왜냐하면 민중을 편애한다는 이유로 귀족들의 비난을 살 수도 있었고, 귀족들을 편애한다는 이유로 민중의 비난을 살 수도 있었기 때문이었다. 그렇게 해서 탄생한 것이 독립기구인 고등법원이었다. 국왕은 고등법원을 설립해 국왕이 책임을 지지 않고서도 귀족을 견제하고 민중을 보호한 것이다. 이보다 더 훌륭하거나 실용적인 제도가 있을 수 없으며, 국왕과 국가의 안전을 지키는 데 이보다 더 적절한 조치도 없을 것이다.

주목해야 하는 것은 또 있다. 그것은 바로 반대를 불러올 정책들은 다른 이들이 이행하도록 하고, 군주는 감사한 마음을 불러일으키는 정책들만 직접 이행해야 한다는 것이다. 다시 한 번 더 결론을 내리자면, 군주는 귀족들을 존중해야 하지만 민중에게 미움을 받아서는 절대로 안 된다.

한편 로마 황제들의 운명을 익히 알고 있는 사람들은 그들의 사례가 나의 견해와 상반된다고 느낄 수도 있다. 훌륭하게 처신하고 훌륭한 성품을 보여주었던 몇몇 황제들이 자기 신민들이 꾸민 음모로 제국과 심지어 목숨까지 잃었기 때문이다. 이에 답하기 위해 나는 그런 황제들의 특징들을 고찰하고, 이 사건들을 다루는 역사학자들이 중요하게 여긴 몇몇 맥락들에 적용해 그들이 쇠락한 이유가 앞서 말한 논리에서 조금도 벗어나지 않았다는 것을 증명하겠다. 또한 철학자이기도 했던 제16대 마르쿠스 아우렐리우스에서 제25대 막시미누스 트락스에 이르기까지 권력을 잡았던 황제들만 살펴봐도 충분할 것으로 생각한다. 마르쿠스 아우렐리우스, 콤모두스, 페르티낙스, 율리아누스, 세베루스, 카라칼라, 마크리누스, 엘라가발루스, 알렉산데르, 막시미누스가 그들이다.

가장 먼저 주목해야 할 점은, 다른 국가의 군주들은 귀족의 야심과 인민의 무례만을 견제하면 되었던 반면 로마의 황제들은 군대의 탐욕과 잔인함이라는 제3의 위험에 직면해 있었다는 것이다. 이는 많은 황제의 몰락을 초래했을 만큼 어려운 문제였는데, 민중과 군대를 동시에 만족시키기가 그만큼 어려웠기 때문이다. 바로 민중은 조용한 삶을 지향했으므로 온화한 황제를 사랑했지만, 군대는 군사적 야망을 품은 뻔뻔하고 욕심 많으며 잔인한 황제가 민중을 상대로 그러한 자질을 발휘하여 자신들의 재산을 늘려주고 자신의 탐욕과 잔인한 성정을 마음껏 해소할 수 있게 해주기를 바랐다. 그 결과 타고난 권위나 정치적 수완이 부족해 군대와 민중을 모두 통제할 만큼의 입지를 다지지 못했던 황제들은 늘 좋지 못한 최후를 맞이했다.

이처럼 군대와 민중의 상충하는 요구들에 대처하기 어려울 때 대부분의 황제는, 특히 혈통이 아닌 능력으로 황제가 된 이들은 군대를 만족시키는 대신 민중의 고통은 다소 무시하는 길을 선택했다. 이는 필연적인 선택이었다. 군주는 미움을 아예 피할 수 없다면 우선 절반만이라도 피해야 하고, 그것마저 불가능한 경우라면 가장 큰 힘을 행사하는 계급에게만이라도 미움을 받지 않도록 가능한 모든 일을 다 해야 한다. 때문에 자신의 능력으로 황제의 자리에 올라 특별한 지지가 필요했던 이들일수록 민중이 아닌 군대를 향해 돌아섰다. 물론 이러한 방법 역시 황제가 군대를 상대로 권위를 유지했을 때에만 유효했다.

이런 이유로 민중을 택했던 마르쿠스와 페르티낙스, 알렉산데르는 상냥하고 인도적이었으며 겸손하며 정의를 사랑하고 잔인함을 혐오했음에도 마르쿠스를 제외한 모두가 비참한 최후를 맞고 말았던 것이다. 마루쿠스가 재난을 피하고 사후에도 존경을 받을 수 있었던 것은 세습으로 황제의 자리를 물려받은 덕분에 군대나 민중에게 빚을 진 일도, 인정을 받아야만 하는 일도 없었기 때문이다. 게다가 그는 존경받을 만한 훌륭한 자질을 다수 지니고 있었다. 때문에 황제로 있는 동안 군대와 민중 모두를 통제할 수 있었고, 미움받거나 멸시받은 일 또한 없었다.

반면 제18대 황제 페르티낙스는 일단 군대의 뜻을 거스르고 권력을 쟁취한 황제였다. 게다가 전임자 콤모두스 시절 타락한 생활방식에 익숙해 있던 군대에게 정직의 규범을 요구했다. 군대로서는 받아들일 수 없었고, 결국 황제를 미워하게 되었다. 또한 페르티낙스가 67세나 되는 노인이라는 것도 경멸의 이유가 되었다. 그로 인해 그는 재위에 오른 지 두 달 만에 군대에 의해 폐위되고 말았다.

여기에서 중요한 것은 군주는 악행은 물론이고 선행으로도 미움을 살 수 있다는 것이다. 이미 말한 바와 같이 군주가 권력을 유지하려면 종종 악행을 저지를 수밖에 없다. 이유는 다음과 같다. 통치를 위해서는 민중이나 군대, 혹은 귀족 집단의 지지가 필요한데, 이런 지지는 그 집단이 만족할 수 있는 무언가를 군주가 줄 때에만 가능하다. 그런데 만약 그 집단이 부패했고, 그런 집단에게 군주가 장단을 맞춰줘야 할 때 군주가 할 수 있은 것은 악행뿐이다. 이런 때의 선행은 오히려 군주에게 해가 될 뿐이다.

이쯤에서 제24대 알렉산데르 황제의 사례로 넘어가 보자. 그는 실로 훌륭한 인물이었고, 많은 이유로 칭송받았다. 그중 하나를 들자면 그가 집권한 14년 동안 단 한 번도 누군가를 재판 없이 추방한 적이 없었다는 사실이다. 그럼에도 불구하고 사람들은 그를 멸시했다. 사람들은 알렉산데르가 유약하다고 생각했으며, 그가 어머니에게 정치를 내맡기고 있다고 비난했다. 그 결과 그는 군대가 꾸민 음모에 휘말려 암살당하고 말았다.

한편 콤모두스와 세베루스, 카라칼라, 막시미누스들은 극히 잔인하고 탐욕스러운 성정의 소유자들이었다. 그들은 군대를 만족시키기 위해 군주가 민중을 상대로 저지를 수 있는 모든 학대와 부정을 저질렀다. 그 결과 세베루스를 제외한 모두가 비참한 최후를 맞았다.

제20대 황제 세베루스는 탁월한 능력의 소유자였다. 그래서 민중을 탄압했지만 군대를 우호적으로 유지함으로써 성공적으로 권력을 유지했다. 또한 그의 성품은 민중으로 하여금 경외감을 불러일으켰고, 군대에 깊은 인상과 만족감을 주었다. 그 결과 두 집단이 서로 다른 방식으로 그를 우러러보았다. 그런데 세습이 아니라 능력으로 황제가 되었다는 점에서 세베루스는 이미 큰 위업을 달성한 인물이었지만, 그보다 더 인상적인 것이 있다. 바로 세베루스가 여우와 사자의 기질을 모방하는 데 탁월한 능력을 보였다는 것이다. 이에 대해 간략하면 다음과 같다.

일단 황제가 되기 전 세베루스는 율리아누스 황제가 나약하고 우유부단했음을 잘 알고 있었다. 그래서 자신이 이끌고 있던 슬라보니아 지역 군대에게 "로마로 진격하여 황실 근위병단에게 살해당한 페르티낙스 황제의 복수를 해야한다"고 설득했다. 물론 황제가 되려는 야심은 조금도 내비치지 않았다. 마침내 그는 이전 황제에 대한 복수라는 구실로 자신의 군대를 이끌고 로마로 향했으며, 그가 출발했다는 사실을 사람들이 알아차리기도 전에 이탈리아에 입성했다. 그리고 그가 로마에 당도했을 때 두려움에 질린 원로원은 그를 황제로 선출하고 율리아누스를 처형해버렸다.

그렇게 황제가 된 세베루스는 제국을 완전히 지배하기

로마 제국의 16~25대 황제

- 마르쿠스 아우렐리우스 Marcus Aurelius
로마 제국의 16대 황제 (재위 161~180)

- 콤모두스 Commodus
로마 제국의 17대 황제 (재위 177~191)

- 페르티낙스 Pertinax
로마 제국의 18대 황제 (재위 193~193)

- 디디우스 율리아누스 Didius Julianus
로마 제국의 19대 황제 (재위 193~193)

- 셉티미우스 세베루스 Septimius Severus
로마 제국의 20대 황제 (재위 193~211)

- 카라칼라 Caracalla
로마 제국의 21대 황제 (재위 198~217)

- 마크리누스 Macrinus
로마 제국의 22대 황제 (재위 217~218)

- 엘라가발루스 Elagabalus
로마 제국의 23대 황제 (재위 218~222)

- 세베루스 알렉산데르 Severus Alexander
로마 제국의 24대 황제 (재위 222~235)

- 막시미누스 트락스 Maximinus Thrax
로마 제국의 25대 황제 (재위 235~238)

위해 두 가지 장애물과 맞서야 했다. 하나는 아시아군의 사령관 페스켄니우스 니게르Pescennius Niger가 아시아에서 스스로를 황제라 선포한 것이었고, 다른 하나는 클로디우스 알비누스Clodius Albinus가 서방에서 황제의 지위를 노리고 있는 것이었다. 세베루스는 두 명을 동시에 적으로 선포하는 것은 위험하다고 판단했다. 그래서 니게르를 공격하고 알비누스를 속이는 길을 택했다.

먼저, 그는 프랑스에 있던 알비누스에게 "원로원이 나를 황제로 선출했으나 그 영광을 알비누스와 나누고자 한다"는 내용의 편지를 보냈다. 그리고 알비누스에게 카이사르의 칭호를 보내면서 원로원을 동원해 알비누스를 공동황제로 선출했다. 알비누스는 모든 것을 완전히 진실로 믿어버렸다.

그렇게 알비누스를 안심시킨 세베루스는 군대를 이끌고 나가 니게르를 죽이고 제국의 동방을 평정했다. 그런 다음 로마로 돌아오자마자 "알비누스가 내가 베풀어준 것에 감사하기는커녕 나를 죽이려고 함정을 팠으므로 내가 가서 알비누스의 배은망덕함을 처벌해야겠다"고 원로원에 선포했다. 그러고는 프랑스로 가서 알비누스의 권력과 생명을 모두 빼앗아버렸다.

세베루스의 행적을 자세히 살펴보면 그가 사나운 사자

역할과 교활한 여우 역할 모두를 매우 잘 해냈고, 모든 집단에게 두려움과 존경의 대상이었으며, 군대에게 미움받을 일은 어떻게든 피했다는 것을 알 수 있다. 그 때문에 그는 새롭게 권력을 획득한 황제였음에도 그토록 강력한 권력을 유지할 수 있었다. 그의 엄청난 명성이 그가 저지른 약탈과 폭력으로 인해 사람들이 품었을 수도 있는 미움으로부터 그를 늘 보호해주었던 것이다.

세베루스의 아들 카라칼라도 탁월한 자질을 갖춘 지도자였다. 그는 호전적인 전사로서 모든 역경을 다스릴 줄 알았으며, 호사스러운 음식이나 모든 종류의 안락한 삶을 경멸했다. 때문에 민중은 그를 놀라워했고, 군대 역시 그에게 만족했다. 특히 카라칼라를 향한 군대의 사랑은 특별했다. 그러나 그의 잔혹성과 흉포함은 압도적이었고 전례가 없는 것이었다. 개인적인 살인은 물론이고 로마의 인구 대부분과 알렉산드리아의 주민 모두를 몰살시켜 버릴 정도였다. 이 지경에 이르자 모든 이들이 그를 미워하게 되었고, 심지어 그와 가까웠던 자들도 초조해하기 시작했다. 결국 카라칼라는 자기 병사들과 함께 있던 중에 부대 지휘관이었던 백인대장에게 살해당하고 말았다.

여기에서 주목해야 할 점은 이처럼 결연한 자가 고심하여 결정한 끝에 암살을 시도하면 군주로서는 피할 방법이 없다는 것이다. 죽음을 각오한 자라면 상대가 누구든 위해를 가할 수 있기 때문이다. 그렇더라도 군주를 목표로 하는 암살은 극히 드물기 때문에 크게 걱정할 필요는 없다. 그저 자기가 부리는 자들과 자기 곁에서 국정을 운영하는 자들이 심각하게 부당한 일을 당하지 않도록만 유의하면 된다. 하지만 카라칼라는 이점을 간과했다. 백인대장의 형제를 치욕적인 상황에서 살해하고 그에게도 매일같이 위협을 가했으면서도 여전히 그에게 자신의 호위를 맡겼던 것이다. 이는 재앙으로 이어질 수 있는 종류의 경솔한 행동이었고, 실제로 카라칼라는 비참한 죽음을 맞고 말았다.

　그러면 이제 콤모두스 이야기를 해보자. 마르쿠스 아우렐리우스의 아들이었던 콤모두스는 권력을 물려받아 황제에 올랐기 때문에 어쩌면 세베루스보다 쉽게 제국을 유지할 수도 있었다. 그가 해야 할 일은 아버지의 발자취를 따라가는 게 전부였기 때문이다. 그랬으면 군대와 민중 모두에게 환영받았을 것이다. 그러나 콤모두스는 잔인하고 야만적인 사람이었다. 자기의 욕구와 탐욕을 해소하기 위해 민중을 짓눌렀고, 이런 목적에 군대를 이용하기 위해 군대의 비위를 맞춰줌으로써 그들을 부패시켰다. 황제로서 지켜야 할 위엄도 없어서 종종 원형극장의 밑바닥에까지 내려가 검투사들과 대결을 벌이기도 했다. 이런 저급한 행동이 이어지자 군대는 그를 멸시해도 될 만한 존재로 여기게 되었다. 그렇게 민중에게 미움을 받고 군대에게 멸시받게 되자 그는 음모의 대상이 되었고, 결국 살해당했다.

이제 막시미누스만이 남았다. 앞에서도 말했지만, 유약한 알렉산데르에게 불만을 품어왔던 군인들은 그를 제거한 후 진정한 전쟁광이었던 막시미누스를 황제로 추대했다. 그러나 그 역시 오래가지 못했다. 다른 사례들과 마찬가지로 미움받고 멸시받았기 때문이다. 그 이유는 두 가지였는데, 그중 첫 번째 이유는 비천한 그의 출신이었다. 막시미누스는 군인이 되기 오래전 트라키아 지방에서 양치기 생활을 했다고 한다. 그런데 이 사실이 알려지자 모두가 수치스럽게 여기고 그를 경멸하기 시작한 것이다. 두 번째 이유는 그의 잔인함이었다. 황제로 추대되었을 때 공식적인 임명식을 치르기 위해 즉시 로마로 가야 했지만 그는 가지 않았다. 또한 그가 임명한 속주 장관들이 로마와 제국 전역에 걸쳐 잔

학행위를 저지르는 것을 방치했다. 그로 인해 그는 극도로 잔인하다는 평판을 얻고 말았다. 이제 사람들은 비천한 출신의 그를 경멸했고, 잔인한 그를 두려워하고 미워했다. 그 결과 그를 상대로 반란들이 일어났으니 첫 번째가 아프리카에서였고, 그다음이 원로원에서였다. 특히 원로원의 반란은 로마 전 지역에서 지지를 받았다. 이어서 이탈리아 전역에서 그를 상대로 한 음모가 벌어졌는데, 여기에는 그가 이끌던 군대까지 가담했다. 당시 아퀼레이아를 포위 공격하고 있던 그의 군대는 함락에 어려움을 겪고 있었다. 게다가 막시미누스의 잔인함에 질려 있었다. 이런 참에 그들은 막시미누스에게 적이 많다는 것을 깨달았다. 이는 그들에게 막시미누스에 대한 두려움을 거둬갔고, 결국 그를 살해하게 만들었다.

엘라가발루스, 마크리누스, 그리고 율리아누스는 모두 격한 멸시를 받았으며 빠르게 폐위되었으므로 따로 말하고 싶지 않다. 대신 나는 우리 시대의 군주들이 로마 황제들과 똑같이 군대를 우선순위에 둘 필요는 없다는 말로 이 논의를 마무리 지으려고 한다.

군주는 군대에게 어느 정도의 혜택을 베풀어야 한다. 그러나 오늘날 군대는 로마 황제의 군대와 다르다. 과거 로마 황제의 군대는 지방을 통치하고 관리하는 일을 오래 경험했지만, 오늘날의 군주는 그 누구도 그런 군대를 갖고 있지 않다. 때문에 군대에게 혜택을 주는 일은 과거 로마 황제 때만큼 어렵지 않다.

또한 로마 황제가 민중보다 군대를 먼저 고려했던 것은 군대가 더 강력했기 때문이었다. 오늘날에는 오스만튀르크 황제나 이집트 술탄들을 제외하면 거의 모든 군주가 군대보다 민중을 더 고려한다. 민중이 정치적으로 더 강력하기 때문이다. 오스만튀르크 황제를 제외한 것은 그가 1만 2,000명의 보병과 1만 5,000명의 기병으로 이루어진 군대를 곁에 두고 있기 때문이다. 왕국의 국력과 안전이 그 군대에게 달려 있는 만큼 오스만튀르크 황제는 그 무엇보다도 군대와 좋은 관계를 유지하는 데 최선을 다해야 한다.

이집트 역시 전적으로 이집트 군대의 수중에 있으므로, 술탄은 민중을 걱정하기에 앞서 자기 병사들을 만족시켜야만 한다. 하지만 이집트는 다른 군주국과 다른 특이한 점이 있다. 바로 교황령과 유사하다는 것이다. 때문에 세습 군주국으로도, 신생 군주국으로도 분류할 수 없다. 이곳에서는 기존의 통치자가 세상을 떠났을 때 그 자녀 중 한 명이 권력을 물려받지 않는다. 대신 선거권을 부여받은 이들이 새로운 지도자를 선출한다. 이런 국가는 새로운 통치자가 등장하는, 즉 신생 군주국으로 분류할 수 없다. 왜냐하면 이들의 제도가 오랜 전통을 지니고 있기 때문이며, 새로운 통치자라면 대개 마주하게 되는 위험과 마주하지 않기 때문이다. 비록 새로운 군주라고 해도 오래된 제도 덕분에 세습 군주처럼 받아들여지는 것이다.

이제 다시 원래 주제로 되돌아가자. 내가 말했던 것들을 곱씹어본다면 미움이나 멸시가 로마 황제들의 몰락을 불러왔다는 점을 이해할 수 있을 것이다. 또한 황제 중 몇몇은 겸허의 방식으로, 또 다른 몇몇은 잔혹의 방식으로 행동했음에도 어째서 누구는 성공하고 누구는 실패했는지도 이해할 수 있을 것이다. 요컨대 권력을 물려받지 않고 쟁취한 페르티낙스와 알렉산데르가 황위를 물려받은 마르쿠스 아우렐리우스를 모방하고자 한 것은 헛되고 위험한 일이었다. 마찬가지로 반드시 가져야 할 자질들을 갖지 못했던 카라칼라와 콤모두스, 막시미누스가 세베루스를 모방하려 한 것 역시 치명적인 실수였다.

새롭게 권력을 획득한 신생 군주국의 군주는 마르쿠스

아우렐리우스 같은 이들을 모방해서는 안 된다. 그렇다고 해서 세베루스처럼만 행동해서도 안 된다. 세베루스로부터는 국가를 세울 때 필요한 정책들을 배우고, 마르쿠스로부터는 공고하게 세워진 국가에 안정과 영광을 가져다줄 정책들을 배워야 하는 것이다.

제20장

군주들이 흔히 사용하는
요새 건설 등의
전략들은 유용한가

군주들 중 몇몇은 권력을 공고히 유지하기 위해 신민의 무장을 해제시켰고, 몇몇은 정복한 도시에서 분열을 조장했으며, 몇몇은 자신들에 대한 적의를 부추겼다. 또 몇몇은 집권 초기에 의심을 샀던 자들을 자기편으로 끌어들이고자 애썼으며, 몇몇은 요새를 건설했고, 몇몇은 요새를 파괴하고 무너뜨렸다. 그 결정들을 제대로 평가하기 위해서는 그런 결정을 내려야만 했던 각 국가의 특수한 상황을 자세히 알아야 한다. 하지만 나는 가능한 한 일반적인 관점을 통해 포괄적으로 논의해보고자 한다.

이제껏 새롭게 권력을 얻은 군주가 민중의 무장을 해제 시킨 경우는 없었다. 반면 민중이 비무장 상태일 때 군주는 하나같이 그들을 무장시켰다. 군주가 민중에게 무기를 주면 그 병력은 고스란히 군주의 것이 된다. 또한 군주의 적이 될 수도 있었던 이들은 충성스러워지고, 이미 충성스러웠던 이들 역시 충성스러운 상태를 유지한다. 그저 민중에 불과했던 이들이 군주의 지지자로 거듭나는 것이다.

물론 모든 민중을 무장시키기는 건 어려운 일이다. 그런 때에는 무장의 혜택을 몇몇에게만 주어도 된다. 그것만으로도 그 외 다수의 민중을 안전하게 다룰 수 있다. 무장을 한 이들은 혜택을 받았다는 것을 인식하는 순간 군주에 대한 의무를 갖게 된다. 또 나머지들은 무장을 하면 위험을 감내하는 큰 의무를 지므로 보상을 받는 것이 당연하다고 이해한다.

그러나 만일 군주가 민중의 무장을 해제시키면 민중은 상처를 받는다. 군주가 겁을 먹었거나 비밀이 많은 탓에 자신들을 더 이상 신뢰하지 않는다고 생각하기 때문이다. 어느 쪽이든 민중은 군주를 미워하게 된다. 또한 군대가 필요한 군주는 대안으로서 용병을 고용하게 된다. 그 결과 앞에서 설명했던 용병이 불러올 수 있는 문제점들이 발생한다. 게다가 아무리 훌륭하다고 해도 용병은 용병일 뿐이다. 강력한 군인들과 성난 민중을 상대로 군주를 보호해줄 만큼 그들은 결코 충성스럽지도, 신뢰할 만하지도 않다. 이 때문에 신생 군주국의 새로운 군주들은 항상 민중을 무장시켰다. 역사 속에는 이러한 사례들이 수도 없이 많다.

그러나 군주가 새로운 영토를 획득하여 기존 국가에 합병하는 경우에는 그 영토에서 살아왔던 자들의 무장을 모두 해제시켜야 한다. 단, 합병 때 군주를 지지했던 자들의 경우에는 일단 제외한다. 그리고 시간과 기회가 되는 대로 그들의 무장도 빼앗아 세력을 약하게 만들어야 한다. 국가 내 모든 실질적인 무력이 군주에게 충성하는 본토 출신의 병사들에게만 속하게 만들어야 하는 것이다.

수세대 전 피렌체의 전문가들이 하던 말이 있다. 피스토이아는 파벌싸움을 이용해 다스리고 피사는 요새를 구축해 다스려야 한다는 말이다. 옛사람들은 이 말을 충실하게 따랐다. 점령 도시들을 쉽게 통제하기 위해 그곳에 파벌주의를 부추긴 것이다. 실제로 이 방법은 그 옛날 이탈리아에서 당파 간에 일종의 균형이 유지되던 시절에는 효과가 있었다. 그러나 오늘날에는 이 방법이 통하지 않아서 당파의 분열이 상황을 개선시킨 적이 별로 없다. 오히려 적이 진격해 왔을 때 당파로 분열된 도시는 단번에 함락되고 말았다. 당파 중 약세의 당파는 늘 적과 힘을 합쳤고, 강세의 당파라도 그 둘을 모두 무찌를 만큼 강하지 않았기 때문이다.

하지만 베네치아인들은 이 같은 논리를 적극 따랐다. 자신들이 다스리던 도시들에 구엘프와 기벨린이라는 두 파벌을 조장했다. 또 파벌싸움이 유혈사태로까지 이어지도록 방관하지는 않았지만, 분당을 부추겨 자기들끼리의 분쟁에 몰두하도록 만들었다. 그들이 단결하여 베네치아에 대항할 수 없도록 만든 것이다. 그러나 결과적으로 이 방법은 성공하지 못했다. 베네치아인들이 교황권에 대항한 바일라전투에서 패배하자 그즉시 두 파벌 중 어느 하나가 용기를 얻어 베네치아의 지배에서 벗어나 버

〈몬타페르티전투에서의 구엘프파와 기벨린파〉
(14세기경), 지오반니 발라니 작품
구엘프파Guelfi와 기벨린파Ghibellini는 12, 13세기 이탈리아에서 각자 명목상 교황과 신성로마제국 간의 세력에 가담한 경쟁세력들을 말한다. 실제로 이들 분파는 교황령과 제국 간의 다툼보다는 지역 간 경쟁에 더욱 집중했다.

린 것이다.

이러한 종류의 정책을 사용하는 것은 군주가 유약하다는 증거를 노출시키는 일이다. 건강하고 자신감 있는 군주는 절대로 분열을 용납하지 않는다. 물론 평화로운 때라면 민중을 통제하는 데 어느 정도 유용할 수도 있다. 그러나 막상 전쟁이 터지면 오히려 결함이 크게 드러난다.

모름지기 자신의 앞길에 놓인 장애물들과 적들을 극복했을 때 위대하다는 명성을 얻는 법이다. 그래서 운명의 신은 세습 군주와 달리 새롭게 권력을 획득한 탓에 명성이 필요한 신생 군주에게 적을 보내어 공격당하게 만든다. 만약 군주가 적들을 무찌른다면 운명과 적이 놓아준 사다리를 통해 더 높은 곳으로 오르게 될 것이다. 이러한 이유로 현명한 군주들은 기회가 있을 때마다 적대관계를 만들었고, 이를 극복함으로써 자신의 명성과 세력을 확장해갔다.

군주, 특히 새롭게 권력을 획득한 군주는 초기에 미심쩍었던 이들일수록 처음부터 믿을 만했던 이들보다 더 충성스럽고 유용해진다는 것을 알아야 한다. 본래 미심쩍었던 이들을 통치에 주로 이용했던 대표적인 인물이 바로 시에나의 군주 판돌포 페트루치다. 물론 상황은 매번 달라지기 때문

에 페트루치의 사례를 일반화하기는
어렵다. 하지만 비록 초기에 반대했
다고 해도 그들이 의지할 만한 누군
가가 없는 경우라면 군주는 그들을
매우 쉽게 자신의 편으로 끌어들일
수 있다. 더욱이 그들에게는 애초에
군주에게 심어준 자신에 대한 부정
적 인상을 상쇄시켜야만 하는 과제
가 있기 때문에 일단 군주의 편이
되면 다른 이들보다 충성스러울 수
밖에 없다. 처음부터 군주에게 호

판돌포 페트루치|Pandolfo Petrucci
(1452~1512)
르네상스 기간 시에나 공화국의 통
치자로 잔혹한 독재자이자 전제주
의자였지만, 도시의 경제발전과 예
술 발전을 후원했고 시에나 시민들
에게는 비교적 관용을 베풀었다.

의적이었다는 이유로 과도하게 안심하면서 별다른 노력을
하지 않는 이들보다는 이런 이들이 군주에게 더 많은 이익
을 가져다줄 것이다.

이쯤에서 나는 내부의 도움을 받아 새롭게 권력을 획득
한 군주에게 하고 싶은 말이 있다. 바로 그곳 주민들이 그를
왜 도왔는지 반추해보라는 말이다. 만일 새로운 군주에 대
한 자연스러운 우정 때문이 아니라 이전의 군주에게서 원
하는 바를 얻지 못했기 때문에 도운 것이라고 한다면 그들
의 지지를 끝까지 유지하기는 쉽지 않을 것이다. 새로운 군

주 또한 그들이 원하는 바를 들어줄 수 없기 때문이다. 이를 통해 우리는 이전 군주에게 만족하지 못하여 당신과 동맹을 맺고 당신의 국가 장악을 도운 이들보다 이전 군주에게 만족하여 당신의 적이 된 이들을 당신 편으로 끌어들이는 일이 훨씬 쉽다는 것을 알 수 있다. 관련 사례는 고대 및 근대 역사 속에서 얼마든지 찾을 수 있다.

군주가 권력을 유지하기 위해 시도했던 방법 중에는 요새 건설도 있다. 요새는 침략하고자 하는 자들을 견제하고 사기를 꺾는 한편 돌발공격이 있을 때 안전한 피난처로도 사용된다. 이 방법은 지난 수세기 동안 꾸준히 이용되어왔고, 나 역시 요새의 유용성을 인정하고 있다. 그런데 최근 니콜로 비텔리는 치타디카스텔로를 점령한 후 권력을 유지하기 위해 그 도시의 요새 두 곳을 파괴해버렸다. 우르비노 공작 구이도발도Guidobaldo도 체사레 보르지아에게 빼앗겼던 자기 영지를 수복했을 때 나라 안에 있던 모든 요새를 완전히 무너뜨렸다. 요새들이 없다면 또다시 도시를 잃을 일도 없을 것이라는 확신 때문이었다. 그것은 망명지에서 돌아와 볼로냐를 탈환한 벤티볼리오 가문도 마찬가지였다.

이런 사례들로 보면 요새가 유용한지 아닌지는 상황에

좌우된다는 것을 알 수 있다. 즉, 요새는 어느 상황에서는 도움이 되지만 다른 상황에서는 위험요소가 될 수도 있다는 것이다. 이유는 다음과 같다. 외부의 적보다 자기 민중이 더 두려운 군주에게는 요새가 필요하다. 반대로 외부의 적이 더 두려운 군주에게는 요새 따위는 없어야 한다. 일찍이 프란체스코 스포르차도 밀라노에 성채를 건설했다. 그러나 그 성채는 그 나라에 있었던 어떤 분쟁보다 더 큰 분쟁의 씨앗이 되었고, 앞으로도 그러할 것이다. 이때 분쟁이란 바로 스포르차 가문에 대한 반란을 말한다. 모름지기 군주에게 있어 최고의 요새는 민중에게 미움을 받지 않는 것이다. 아무리 견고하다고 해도 요새는 민중의 미움으로부터 군주를 보호하지 못한다. 민중이 군주를 향해 무기를 든 순간 그들에게 외세의 지원이 이어지기 때문이다

최근에 요새가 군주에게 도움이 된 사례는 거의 없다. 아마도 포를리 공작부인의 경험이 유일할 것이다. 포를리 공작부인, 즉 카테리나 스포르차는 교황 식스투스 4세의 조카 지롤라모 리아리오Girolamo Riario 백작과 결혼했는데 남편이 암살되자 민중을 피해 요새에 몸을 숨겼고, 지원군이 올 때까지 요새에 의지해 버텼다. 그리고 마침내 권력을 되찾았다.

카테리나 스포르차 Chterina Sforaz
(1463~1509)
스포르차 가문의 사생아로 결혼으로 얻은 교황의 힘으로 이몰라 지역을 장악했다.

사실 이것이 가능했던 이유는 민중을 도울 수 있을 만한 국외 세력이 없었기 때문이었다. 그러나 이후 체사레 보르지아가 공격해 왔을 때 요새는 도움이 되지 못했다. 민중마저 그녀에게 적의를 품고 보르지아의 편에 서버렸기 때문이었다. 그러므로 그때든 그 이전이든 그녀가 요새 대신 민중에 의지했다면, 즉 민중을 적으로 돌리지 않았다면 그녀는 훨씬 더 안전했을 것이다.

이 모든 것들을 고려해봤을 때 나는 요새를 건설하는 군주는 물론이고 건설하지 않는 군주도 찬사를 받아 마땅하다고 생각한다. 그러나 요새가 지켜줄 것이라는 믿음으로 민중의 미움을 사는 데 서슴지 않는 군주에게는 비난 말고는 줄 것이 없다.

제21장

존경을 받으려면 무엇을 해야 하는가

군주에게 최고의 존경을 안겨주는 것으로 꼽자면 위대한 군사적 승리와 군주의 뛰어난 능력을 드러내는 것만 한 것이 없다. 우리 시대에 있어서는 현재 에스파냐 국왕이자 아라곤의 군주인 페르난도[17])가 좋은 본보기다. 일단 페르난도는 거의 새롭게 권력을 획득한 군주라고 봐야 한다. 왜냐하면 그는 약소국인 아라곤의 왕으로 시작하여 기독교국 중에서 가장 유명한 에스파냐의 영예로운 왕으로 거듭났기 때문이다.

---

17) 아라곤에서는 페르난도 2세, 에스파냐에서는 페르난도 5세로 불렸다.

실제로 그의 행적을 살펴보면 모든 것이 주목할 만하고 그중 몇몇은 비범하기까지 하다는 것을 알게 된다. 에스파냐의 통치를 시작할 무렵 페르난도는 이베리아반도 남부에 남아 있던 마지막 이슬람 토후국 그라나다를 공격했고, 이 무력행동으로 권력의 기반을 닦았다. 중요한 점은 그가 국내가 안정적일 때, 즉 어떠한 간섭의 손길이 없을 것이 확실한 때에만 그러한 일을 벌였다는 점이다. 에스파냐 중부 카스티야의 제후들이 그라나다 공략에 너무나 몰두한 나머지 에스파냐 내부에 변화를 꾀하는 일은 생각도 못 하게 한 것이다. 그러는 동안 페르난도의 명성은 높아졌고, 제후들이 눈치 채기도 전에 권력이 견고해졌다. 또한 그는 자신의 군대를 유지하는 데 로마교회와 민중이 모아준 기부금을 사용했다. 덕분에 오랜 전쟁에도 버틸 수 있었고, 전쟁을 치르는 동안 자신의 군대를 위한 기초를 마련할 수 있었다. 이때 초석을 다진 그의 군대는 훗날 그에서 명성을 안겨주었다. 그 외에도 그는 '종교를 위해서'라는 경건한 목적을 구실로 내세워 광신적이고 잔인한 일을 벌였다. 전쟁에서 패배한 그라나다의 무어인들을 더없이 잔인한 방법으로 약탈한 후 자신의 왕국에서 추방해버린 것이다. 이후에도 그는 종교의 가면을 쓰고 아프리카를 공격했고, 이탈리아로 진격해 갔으며, 마침내 프랑스까지 침략했다.

이처럼 페르난도는 쉴 새 없이 위대한 일을 계획하고 실
행했다. 그리고 이를 통해 민중을 긴장과 경외의 경계에서
혼란하게 만들고 전쟁의 결과에만 집중하게 만들었다. 뿐
만 아니라 그가 하는 모든 일은 바로 이전 일에 대한 결과
로서 연달아 추진되었다. 때문에 사람들은 그를 상대로 음
모를 꾸밀 만한 시간적 여유가 없었다.

한편 밀라노의 베르나보
비스콘티처럼 국내 문제를
다룰 때 자신의 성품을 인상
적으로 드러냄으로써 존경을
받을 수도 있다. 좋은 목적이든 나
쁜 목적이든 무언가 인상적인 일
을 할 때마다 군주는 민중들 사이
에서 회자가 될 정도의 큰 보상을
주거나 처벌을 해야 한다. 즉, 군
주는 자신의 모든 행동으로 위
대한 사람이며 탁월한 능력
의 소유자라는 인상을 줄 수

베르나보 비스콘티|Bernabò Visconti
(1323~1385) : 밀라노의 군주

223

있도록 노력해야 하는 것이다.

또한 군주는 진정한 친구이자 진정한 적일 때 존경을 받는다. 어느 한쪽 편에 서서 다른 한쪽과 맞선다고 분명하게 밝혀야 한다는 것이다. 이런 태도는 중립보다 언제나 나은 결과를 가져온다.

당신의 나라와 인접한 두 나라가 전쟁을 치른다고 가정해보자. 전쟁의 승패가 갈린 후 당신은 승자를 두려워할 수도 있고 아닐 수도 있다. 하지만 어느 경우이든 입장을 분명히 하고 한쪽의 편에 서서 전력으로 싸우는 것이 유리하다. 이유는 다음과 같다.

첫째, 만일 당신이 중립을 유지했는데 당신이 두려워할 만한 존재가 승리했다면 당신의 나라는 승자에게 집어삼켜질 위기에 처하게 된다. 이 경우에는 패배한 쪽도 당신의 몰락을 즐거워한다. 당신에게는 빠져나갈 구실도, 방어막도 없으며 숨을 데도 없다. 왜냐하면 승자는 어려울 때 도와주지 않았던 미심쩍은 친구를 원치 않으며, 패자는 자신의 편에 서서 운명을 같이하려 하지 않은 당신에게 볼일이 없기 때문이다.

오래전 셀레우코스 제국의 황제 안티오쿠스는 로마인들을 몰아내 달라는 아이톨리아인들의 요청으로 그리스로 갔을 때 로마인들의 동맹이었던 아카이아인들에게 사절을 보내 중립을 지켜줄 것을 제의했다. 반면 로마인들은 아카이아인들에게 자기편에 서서 참전하라고 요구했다. 이 때문에 아카이아 의회에서는 논쟁이 벌어졌는데, 안티오쿠스의 사절이 중립을 지켜달라고 발언하자 로마 사절이 다음과 같이 답변했다.

"중립을 지켜달라는 것은 곧 전쟁에 개입하지 말라는 것인데, 당신들의 이익을 그보다 크게 해치는 일은 없을 것입니다. 전쟁에 개입하지 않으면 당신들은 조금의 감사도 조금의 배려도 받지 못할 것이기 때문입니다. 또한 어느 쪽이 이기든 당신들은 전리품 신세가 될 것이기 때문입니다."

이처럼 당신과 동맹이 아닌 경쟁자는 늘 당신을 중립으로 두고자 애쓸 것이며, 당신의 동맹은 늘 당신을 싸우게 만들고자 애쓸 것이다. 눈앞의 위험만 피하고자 하는 우유부단한 군주들은 대개 중립을 택했는데, 이들 대부분은 비참한 최후를 맞이했다.

그러나 만일 당신이 어느 한쪽을 지지한다고 용감하게 선언했는데 당신이 지지한 쪽이 승리한다면 당신이 지지한

쪽은 당신에게 빚을 지게 되는 것이다. 또한 당신과 그 사이에는 우정의 유대관계가 형성될 것이다. 비록 당장은 그가 당신보다 더 강해서 당신을 좌지우지하더라도 그는 결코 그 상황을 이용하여 배은망덕한 일을 할 만큼 몰염치하지는 않을 것이다. 더구나 승리자라 해도 모든 원칙들, 특히 정의를 모조리 무시할 수 있을 만큼 결정적인 승리를 거둘 수는 없다.

설사 당신이 지지한 쪽이 패배하더라도 당신은 여전히 그의 우방이다. 따라서 그는 할 수 있는 한 불행 속에서도 동반자가 되어준 당신을 도우려 할 것이다. 그러므로 당신은 언젠가 다시 일어설 수 있을 것이다.

둘째, 서로 전쟁을 벌이는 이웃 국가가 모두 그다지 강하지 않아서 승자를 두려워할 필요가 없는 경우에는 더욱 한쪽의 편을 들어 전쟁에 개입하는 것이 좋다. 어느 한쪽을 돕는다는 것은 다른 한쪽을 파괴하는 것과 마찬가지인데, 당신의 동맹이 패배하더라도 승자가 현명하다면 패자와 패자의 동맹을 완벽하게 무너뜨리지는 않을 것이다. 만약 당신의 동맹이 이긴다면 당신은 동맹을 당신의 뜻대로 움직일 수 있게 된다. 당신의 도움이 없었다면 승리할 수 없었을 테니 말이다.

여기에서 조심해야 할 점은, 앞서도 말했듯 완전히 불가피하지 않은 이상 군주는 제3자를 공격하기 위해 자신보다 강력한 누군가와 동맹을 맺어서는 절대로 안 된다는 것이다. 승리하더라도 당신은 그들의 처분에 따라야 하기 때문이다. 다른 이의 손아귀에 잡히는 것이야말로 군주가 가장 피해야 하는 일이다.

일찍이 베네치아인들은 밀라노 공작을 공격하기 위해 프랑스의 루이 12세와 동맹을 맺었다. 그리고 맺어서는 안 되었던 이 동맹은 결국 베네치아에 재앙을 불러왔다. 그러나 동맹을 피할 수 없는 경우도 있다. 예를 들어 교황과 에스파냐가 프랑스가 지배하고 있던 롬바르디아를 공격하기 위해 군사를 일으켰을 때 피렌체[18]는 반드시 한쪽 편을 택해야만 했다.

일반적으로 군주는 자신의 그 어떤 결정도 안전할 것이

---

18) 교황 율리우스 2세는 프랑스에 대항하기 위해 신성동맹을 조직했는데, 이때 피렌체는 중립을 지켰다. 그로 인해 피렌체 공화국이 무너지고 정부는 메디치 가문이 장악하게 된다.

라고 상상해서는 안 되며, 동시에 모든 결정이 잠재적 위험성을 품고 있다고 생각해야 한다. 한 가지 위험을 피하려 한다면 다른 한 가지 위험에 뛰어들게 되는 것이 사물의 이치다. 따라서 현명한 군주라면 위험을 평가하여 많은 길 중에서 될 수 있는 한 독이 덜 되는 길을 선택할 수 있어야 한다.

그 외에도 군주는 능력 있는 자에게 일을 주고 이런저런 기술에 탁월한 자들에게 상을 주어 재능 있는 자를 우대한다는 것을 사람들에게 보일 필요가 있다. 더불어 상업이나 농업 등 모든 분야에 걸쳐 재산을 모으더라도 빼앗길 일 없으며 과도한 세금이 부과될 리도 없다는 것을 확인시켜 줌으로써 민중이 걱정 없이 안심하고 생업에 종사할 수 있도록 주의를 기울여야 한다.

나아가 재산을 늘리거나 도시 혹은 국가에 번영을 가져다줄 계획을 갖고 있는 자들을 지원하고 의욕을 고취시키는 보상을 줘야 한다. 연중 적절한 시기에 민중이 빠져들 만한 공연이나 축제를 열어주는 것도 좋다. 아울러 길드나 구역, 계층으로 나뉘어져 있는 도시의 특징을 고려해 군주는 각계각층을 존중해주고, 때때로 그들의 모임에 출석하여 자신이 얼마나 인도적이고 자비로운 사람인지를 보여주어야 한다.

그러나 그런 가운데에서도 결코 잊어서는 안 되는 것이 있다. 바로 군주라는 지위를 가장 확고하게 지탱해주는 위엄이다.

축제와 사육제

〈사육제와 사순절의 싸움〉
(1559)의 일부
피터 브뤼겔 작품

유럽의 축제는 14~15세기 르네상스 시대에 들어와서 군주들이 후원을 하게 되면서 성장했고, 18세기에 그 화려함과 장엄한 아름다움이 절정에 달했다. 군주들은 축제 기간 동안 위대한 예술가들과 시인들을 불러들여 살롱과 궁중에서 지배층과 부자들을 위한 가면무도회 등을 열었고, 민중들 사이에서는 '황소 목 자르기', '천사의 비행', '가면 경연대회', '대무도회', '곤돌라 경주', '퍼레이드' 등 다양한 형태로 진행되었다. 대표적으로는 세계3대 사육제인 '베네치아 사육제', 곤돌라 경주를 주로 하는 '레가타 스토리카'가 있다.

제22장

군주의
신하들

정치를 함께 해나갈 신하를 선택하는 일은 군주에게 중요한 문제다. 군주가 분별이 있는지 혹은 없는지를 알려면 그가 선택한 신하의 자질을 보면 된다. 또한 민중은 군주가 누구를 선택하는지에 따라 군주에 대한 첫인상을 갖는다. 만일 신하들이 능력 있고 충성스럽다면 민중은 군주가 현명하다고 여길 것이다. 왜냐하면 군주가 신하들의 능력을 알아볼 수 있고 그들의 충성을 유지할 만한 능력이 있다고 생각하기 때문이다. 반면 신하들이 능력도 없고 충성스럽지도 않다면 민중은 군주가 형편없다고 여길 것이다. 군주의 첫 번째 임무인 인선, 즉 사람을 뽑는 일에서부터 과오를 범했기 때문이다. 실례로 시에나의 군주 판돌포 페트루치가 법학자이자 판사였던 안토니오 다 베나프로Antonio da Venafro를 총리로 임명하자 베나프로를 아는 사람들은 모두 페트루치를 현명한 사람이라고 생각했다.

무릇 지적 능력에는 세 가지 종류가 있다. 첫째는 도움 없이도 사물을 이해하는 것이고, 둘째는 다른 이들이 이해하는 바를 알아차리는 것이고, 세 번째는 그 어떤 것도 이해하지 못하고 보지 못하는 것이다. 첫 번째 수준의 부류는 지극히 가장 탁월한 자들이고, 두 번째 수준의 부류는 봐줄 만한 자들이다. 그러나 세 번째 수준의 부류는 쓸모없는 자들이다. 따라서 페트루치는 첫 번째 수준은 아니었지만, 확실히 두 번째 수준은 되었던 것으로 보인다. 사실 그것만으로도 족하다. 비록 창의성이 부족하다고 하더라도 다른 이의 말과 행동에서 옳고 그름을 알아챌 만큼 예리한 사람이라면 신하들의 행동과 그들이 내놓는 정책들의 옳고 그름 또한 알아볼 수 있기 때문이다. 알아볼 수 있는 사람은 좋은 것들은 장려하고 나쁜 것들은 바로잡을 수 있다. 그러면 신하들도 군주를 속일 수 없다는 점을 깨닫고 바르게 처신하기 위해 노력할 것이기 때문이다.

그러면 신하의 됨됨이는 어떻게 알아볼 것인가? 실패하지 않는 확실한 방법이 하나 있다. 신하가 군주보다 자신을 먼저 생각하고 그가 내놓는 정책들이 모두 자신의 이익을 증대하기 위한 것이라면 그는 절대로 훌륭한 신하가 될 수 없다. 이러한 자는 절대로 믿을 수 없다. 따라서 군주는 이런 자를 신하로 임용하면 안 된다. 모름지기 국가를 운영하는 신하라면 자신보다 국가와 군주를 먼저 생각해야 한다.

한편 군주에게는 좋은 신하가 될 수 있도록 환경을 만들어줘야 하는 책임도 있다. 따라서 군주는 신하에게 명예와 풍요로운 생활을 보장해주고 합당한 관직도 주어야 한다. 그러면 신하는 군주 없이는 자신도 없다는 것을 깨닫게 될 것이다. 즉, 지금 얻고 있는 명예로 인해 더 큰 명예를 바라지 않을 것이며, 지금의 풍요로움에 만족하여 더 큰 재산을 갖고자 욕심부리지도 않을 것이다. 또한 지금 맡고 있는 관직에서 오는 책임 때문에 변화를 두려워하게 될 것이다.

군주가 신하들과 이러한 방식으로 신하를 대하고, 신하들이 이러한 태도로 군주를 모신다면 그들의 관계는 단단하게 결속된다. 만약 그렇지 않다면 군주와 신하들 둘 중 한쪽은 결국 불행한 최후를 맞게 될 것이다.

제23장

아첨꾼을
피하는 방법

우리가 고찰해보아야 할 중요한 주제가 한 가지 더 있다. 군주가 현명하지 못하거나 신하를 선택하는 데 안목이 없는 경우 피해갈 수 없는 실책인데, 바로 지금 궁정에 득시글대는 아첨꾼, 간신에 대한 것이다.

인간은 본래 스스로의 업적에 쉽게 도취되고, 지금보다 더 성공하기를 바란다. 때문에 아첨에 쉽게 속으며 오류에 빠지기도 쉽다. 게다가 아첨으로부터 자신을 지키는 유일한 방법이 누군가 당신에게 진실을 고해도 당신이 화를 내지 않는다는 점을 사람들에게 이해시키는 것뿐인데, 섣불리 아

233

첨꾼으로부터 자신을 방어하려 했다가는 얕보일 수도 있다. 모든 사람들이 당신에게 진실을 말한다는 것은 당신을 향한 존경심이 사라졌다는 의미이기 때문이다.

따라서 현명한 군주는 중간지점을 찾아야 한다. 즉, 소수의 총명한 신하들을 택하여 오직 그들에게만 진실을 고할 권리를 주되, 그 대상을 일반적인 사항이 아니라 군주가 묻는 사항으로 제한하는 것이다. 물론 군주는 신하들에게 모든 일에 관하여 조언을 구해야 한다. 하지만 의견을 귀담아들은 뒤에는 자신의 기준을 따라 스스로 결정을 내려야 한다. 또한 집단적으로든 개별적으로든 조언을 구할 때에는 솔직하게 말할수록 조언이 더욱 환영받으리라는 점을 명확히 해두어야 한다. 다음으로 군주는 이들 외의 다른 자에게 조언을 구해서는 안 되고, 한번 결정된 사항들은 번복하지 말아야 한다. 만약 다른 방식을 시도한다면 군주는 아첨꾼들로 인해 몰락하고 말 것이다. 또는 다양한 의견 앞에서 자주 결정을 번복함으로써 사람들에게 존경을 잃게 될 것이다.

근래의 사례 하나를 들어보겠다. 현재 신성로마제국의 황제 막시밀리안 1세Maximilian I의 측근인 주교 루카 리날디Luca Rinaldi는 "황제는 누구의 조언도 듣지 않으면서도 자기 자신의 방책대로 행동한 적도 없다"고 말한다. 이는 앞에서

234

내가 설명했던 바와 정반대의 행동이다. 은밀한 것을 좋아하는 막시밀리안은 자기 계획을 누구에게도 설명해주지 않는 경향이 있으며, 누군가에게 조언을 구하지도 않는다. 그런데 일단 어떠한 것을 행동으로 옮기기 시작하면 다른 사람들의 눈에 보일 수밖에 없다. 결국 신하들은 잘못된 점을 고하는데, 황제는 기질이 약한 탓에 너무도 쉽게 마음을 바꾼다. 그가 결정했던 모든 일이 바로 그다음 날 취소되곤 하는 것이다. 결국 신하와 민중은 황제가 원하는 것이 무엇인지, 어떤 목표를 가지고 있는지 진정 이해할 수 없었다. 또한 황제의 결정은 믿을 수 없는 것이 되고 말았다.

그러므로 군주는 늘 조언을 구해야 한다. 단, 그 시기는 그들이 하고 싶을 때가 아니라 군주가 듣고자 할 때여야 한다. 군주가 물은 적 없는 조언을 사람들이 하게 내버려 두어서는 안 되는 것이다. 또한 조언을 구할 때에는 끊임없이 물어야 하며, 조언자가 정직하게 대답한다면 그 조언을 침착하게 들어야 한다. 그리고 입을 다물고 있는 누군가가 보인다면 그를 향해 노여움을 표해야 한다.

사람들은 군주가 현명하다는 평판을 받는다면 그것은 신하들에게 받은 훌륭한 조언들 덕분이지 그의 기민한 성정 때문은 아니라고 생각한다. 하지만 이는 틀린 생각이다. 일반적이고 틀림없는 법칙이 있기 때문이다. 그것은 바로 군주가 현명하지 않으면 훌륭한 조언을 모을 수 없다는 법칙이다. 예외가 있다면 지극히 뛰어난 한 명의 신하에게 정치를 전적으로 내맡기는 경우뿐이다. 이 경우 훌륭한 조언들을 얻을 수는 있겠으나 그러한 상황은 오래 지속되지 못한다. 왜냐하면 그 신하가 군주로부터 권력을 탈취하고 국가를 장악할 것이기 때문이다.

한편 조언자가 한 명 이상이라면 조언 또한 각양각색일 것이다. 이 경우 군주는 다양한 조언 중에서 좋은 것을 골라내야 하는데 현명하지 않다면 선택은 고사하고 이해하는 것조차 어렵다. 게다가 조언자들이 저마다 사리사욕에 빠져 있다면 그들을 통제하는 것도 어렵다.

좋은 조언과 아첨의 문제는 훌륭한 신하를 찾아야 한다는 차원의 문제가 아니다. 인간은 필요에 의해서만 정직하기 때문이다. 즉, 정직해야만 하는 상황이 아니라면 언제든 군주를 속이려 들 것이다. 결국 적절한 조언들 덕분에 군주가 현명해지는 것이 아니다. 그와는 정반대로 군주가 현명하기 때문에 올바른 조언을 얻는 것이다.

제24장

이탈리아의 군주들은
어떻게
나라를 잃었는가

새롭게 권력을 획득한 신생 군주국의 군주가 내가 지금까지 설명한 지침들을 주의 깊게 따른다면 그는 세습 군주와 같은 지위를 누릴 수 있다. 어쩌면 통치기반을 잘 닦아두었을 때보다도 더 큰 안보를 누리며 확고하게 권력을 유지할 수도 있다. 보통 신민은 새로운 군주가 하는 일을 세습 군주가 하는 일보다 훨씬 더 주의 깊게 지켜보는데, 만약 새로운 군주의 업적들이 인상적이라면 유서 깊은 왕가의 혈통보다 더 사람들을 사로잡을 뿐만 아니라 신민들에게서 더 큰 충성심을 이끌어내는 것이다.

무릇 인간이란 과거보다는 현재에 더 큰 관심을 갖는 법이다. 상황이 잘 흘러간다면 사람들은 만족해하며 굳이 다른 곳으로 눈을 돌리지도 않는다. 군주가 다른 일로 위신을 잃지만 않는다면 군주를 보호하기 위해 가능한 모든 일을 다한다. 그렇게 되면 군주는 이중으로 영광을 누릴 것이다. 하나는 새로운 국가를 세웠다는 것이고, 다른 하나는 훌륭한 법과 훌륭한 군대, 훌륭한 동맹들, 훌륭한 정책들로 국가를 빛나고 강하게 만들었다는 것이다. 반대로 권력을 타고 났음에도 어리석게 행동하여 권력을 잃은 자는 두 배로 수모를 당할 것이다.

지난 수년 동안 이탈리아에서 나폴리 국왕이나 밀라노 백작 루도비코 스포르차Ludovico Sforza처럼 권력을 잃은 군주들을 살펴보면 공통점이 있다는 것을 발견하게 된다. 그 첫 번째는 군대가 취약했다는 것이다. 군대가 약하면 왜 위험한지에 대해서는 앞에서 길게 설명했다. 두 번째는 모두 민중에게 미움을 샀거나, 민중의 편에 선 탓에 귀족에게 미움을 샀다는 것이다. 그들의 나라는 전쟁을 일으킬 수 있을 정도로 강력했기 때문에 이러한 실책들만 없었더라면 결코 국가를 잃는 일은 없었을 것이다.

반면 필리포스 5세[19])의 마케도니아는 침략국이었던 로마나 그리스에 비하면 약소국에 지나지 않았다. 하지만 필리포스 5세는 군인이면서 동시에 민중을 기쁘게 하고 귀족을 자기편에 둘 줄 아는 지도자였다. 때문에 마케도니아는 수년 동안이나 이어진 로마와 그리스의 공격에도 굳건히 버텨냈다. 비록 도시 몇 개를 상실하기는 했으나 적어도 그의 국가만큼은 지켜낸 것이다.

그러므로 오랫동안 국력을 자랑했던 국가를 빼앗겨버린 우리 이탈리아의 왕들과 공작들은 자신들의 불운을 탓해서는 안 된다. 탓할 것은 오직 자기 자신뿐이다. 인간이 날씨가 좋을 때 폭풍을 대비하지 않는 실책을 범하는 것처럼 그들은 당장 평화롭다고 앞으로 무언가 변화가 일어날 수 있다는 상상조차 하지 않았다. 또 막상 문제가 닥치면 스스로를 방어하기보다 도망칠 궁리부터 했다.

그리고 무엇보다 그들은 민중이 침략자들의 야만스러움에 격노하여 자신을 다시 불러주기만을 바랐다. 물론 다른 대안이 없다면 이 방법도 나쁘지는 않다. 하지만 다른 조치

---

19) 알렉산드로스 대왕의 아버지 필리포스가 아니라 제2차 마케도니아 전쟁에서 로마의 장군 티투스 퀸크티우스Titus Quinctius에게 패배한 필리포스를 말한다.

를 충분히 취할 수 있음에도 그저 막연한 기대에 의존했다면 심각한 실책이 아닐 수 없다. 모름지기 군주는 누군가 자신을 다시 일으켜 줄 것이라고 믿어서도 안 되고, 그 믿음에 의지해 권력을 잃을 일을 감수해서도 안 된다. 민중이 반드시 그렇게 한다는 보장도 없거니와, 그렇게 한다고 하더라도 군주의 권위는 바닥으로 떨어져 버리기 때문이다.

다른 이에게 의존하겠다는 전략보다 수치스러운 것은 없다. 훌륭하고 확실하며 지속적인 전략은 자기 자신의 힘과 능력에 의존하는 것뿐이다.

제25장

운명은 인간사에
어떤 역할을 하는가,
그리고 어떻게 운명을 거스를 것인가

사람들 중에는 신과 운명이 세상사를 지배한다고 생각하는 이들이 많다. 때문에 인간이 아무리 용의주도하다고 하더라도 세상사의 흐름을 바꿀 수 없으며 스스로를 지켜낼 방법도 없다고 믿었고, 노력해보았자 별다른 소용이 없으며 모든 일을 그저 우연에 맡겨야 한다고 생각했다.

이러한 태도는 오늘날에 한층 더 확고해진 듯하다. 상상을 초월한 거대한 변화들을 경험했고, 여전히 경험하고 있는 중이기 때문이다. 나 역시 이 문제에 대해 생각할 때마다 종종 같은 의견으로 기울 때가 있다. 그럼에도 불구하고 나는 인간의 자유의지를 포기할 생각이 없다. 우리가 하는 일의 절반은 운이 결정하지만 나머지 반은 거의 우리 자신의 손에 달렸다고 믿고 싶다.

운명은 마치 사납게 범람하는 강과도 같다. 강은 때때로 평야를 덮치고, 나무들과 건물들을 파괴하며, 땅을 이쪽에서 저쪽으로 옮기기도 한다. 그런 강을 피해 도망칠 뿐 누구도 격류에 저항할 수도 흐름을 멈추게 할 수도 없다. 그러나 지금 강이 무섭게 날뛴다고 낮은 수위로 평화로울 때조차 대비할 수 없다는 의미는 아니다. 평소에 둑과 제방을 쌓아두면 물이 차오르더라도 걱정할 것이 없다. 강물이 범람하더라도 이전만큼 통제할 수 없거나 파괴를 불러오지는 않을 것이니 말이다.

운명도 이와 마찬가지다. 운명은 그것을 통제하려는 조치를 취하지 않았을 때 맹위를 떨친다. 이것은 마치 사나운 물이 이를 억누를 수 있는 둑도 제방도 없는 곳으로 넘쳐흐르는 것과 같은 이치다.

지금 이탈리아는 혁명적 변화들이 일어나고 있는 무대이자 그 변화들을 있게 한 근원이다. 그런데 조금 더 주의를 기울인다면 이탈리아가 스스로를 방어할 수 있는 둑도 제방도 없는 땅임을 알게 될 것이다. 만일 이 나라가 독일이나 에스파냐, 그리고 프랑스처럼 적절한 방어를 갖췄더라면 홍수가 그토록 극단적인 결과를 낳지도 않았을 것이다. 아니, 애초에 홍수가 일어나지 않았을 수도 있다.

운명에 대처하는 방법에 관한 일반적인 이야기는 지금까지 설명한 것만으로도 충분하다고 생각한다. 그래서 이제부터는 보다 특수한 상황에 대해 이야기해보려 한다. 우리는 군주의 성품이나 자질이 크게 달라지는 일 없는데도 오늘은 성공했다가 내일은 몰락하는 사례를 어렵지 않게 찾을 수 있다. 군주가 모든 것을 운명에 내맡겼을 때 운명이 갑자기 변하면서 한순간에 몰락하고 마는 것이다.

또한 나는 변화하는 시대에 발맞춘 군주는 성공하지만, 시대와 다른 길을 걷는 군주는 실패한다고 확신한다. 인간은 누구나 영광과 부를 원하지만, 그 목적들을 이루고자 할 때 각기 다른 방법들을 취한다. 누군가는 조심스럽고 다른 누군가는 과감하며, 누군가는 폭력을 이용하고 다른 누군가는 수완을 이용하며, 누군가는 참을성 있고 또 다른 누군가는 그와 정반대다. 이처럼 서로 다른 방법을 이용하더라도 모두 성공할 수 있다. 반면 모두 신중한 태도를 견지하는 방법을 이용했음에도 한 사람은 성공하고 다른 한 사람은 실패하는 경우도 있다. 혹은 서로 다른 방법, 즉 어느 한 명은 조심스럽고 다른 한 명은 과감한 방법을 취했는데도 모두 성공을 거두는 경우도 있다. 이는 전적으로 그들의 방법이 시대상황에 합당했는가, 그렇지 않았는가에 달려 있다. 합당했다면 다른 방법이었다고 해도 모두 성공하고, 합당하지 않았다면 서로 다른 결과를 낳을 수도 있는 것이다. 이것이 지금 좋다고 해서 내일도 좋다고 말할 수 없는 이유다. 조심스럽고 인내심을 발휘한 통치방법이 그 시대와 상황에 합당했다면 그런 방법을 사용한 군주는 성공할 것이다. 그러나 시대와 상황이 변했는데도 그에 적합한 방법을 찾지 않고 기존의 방법만 고수했다면 그 군주는 몰락할 것이다.

물론 시대상황에 따라 변화할 줄 아는 사람은 많지 않다. 인간이란 본래 자신의 타고난 성향이나 경험을 쉽게 바꾸지 못하는 존재이기 때문이다. 사실 누군가 특정방법으로 늘 성공을 거뒀다면 그 방법을 버리는 것은 결코 쉽지 않다. 그래서 신중한 사람은 결국 몰락하고 만다. 과감히 행동해야 할 때가 와도 그렇게 하지 못하기 때문이다. 하지만 만일 그가 시대와 상황에 따라 자신을 바꾼다면 그의 운명은 안정적으로 유지될 것이다.

교황 율리우스 2세는 늘 과감하게 행동했다. 또한 그가 선택한 방법들은 시대와 상황에 적절했고, 그래서 늘 좋은 결과를 얻었다. 한 예로, 그의 첫 번째 업적을 상기해보자. 그것은 안니발레 벤티볼리오의 아들 조반니 벤티볼리오가 아직 살아 있던 시절에 있었던 일이다. 교황의 볼로냐 점령에 관한 계획을 처음 접했을 때 베네치아인들은 격렬히 반대했다. 반대 입장이었던 에스파냐의 페를난도 5세도 이 문제를 두고 프랑스와 협상을 진행하고 있었다.

이런 상황에서 평소 맹렬하고 성급했던 율리우스 2세는 직접 원정을 이끌고 신속하게 볼로냐를 공격해버렸다. 하지만 베네치아와 에스파냐는 처음 반대했던 것과는 달리 아무 대응도 할 수가 없었다. 베네치아인들은 두려웠기 때문이었고, 에스파냐는 이를 기회로 잃었던 나폴리 왕국 전체를 탈환하고 싶었기 때문이었다. 게다가 프랑스마저 교황과 한배를 타고 말았다. 베네치아를 공격할 때 교황의 도움을 받고 싶었던 프랑스로서는 교황이 먼저 내민 손을 거절할 수 없었던 것이다. 또한 원군 요청을 거절한다는 것은 교황을 모욕하는 위험한 일이었기 때문이었다.

율리우스 2세는 이처럼 과감한 결정들로 역사 이래 현명한 교황들이 이룬 업적보다 더 많은 것들을 성취했다. 율리우스 2세가 다른 교황들처럼 행동했다면, 즉 로마를 떠나기에 앞서 모든 준비와 협상이 마무리되기를 기다렸더라면 그 계획은 절대로 성공하지 못했을 것이다. 프랑스 왕은 끝도 없이 핑계를 댔을 것이고, 베네치아인들과 에스파냐인들은 끝도 없이 경고했을 것이기 때문이다.

율리우스 2세가 펼친 다른 작전들을 모두 살펴보지는 않겠다. 하지만 그의 작전들은 그 시작과 마찬가지로 과감했고, 그 덕분에 하나같이 성공으로 이어졌다. 물론 그가 실패를 겪지 않았던 것은 일찍 세상을 떠난 덕분이기도 하다. 시대가 바뀌어 신중함이 요구되는 상황이 되었다면 필시 몰락했을 것이다. 율리우스 2세는 절대로 자신의 방법을 바꾸지 않을 사람이었기 때문이다.

이상의 논의로 우리는 다음과 같은 결론을 내릴 수 있다. 운명은 끊임없이 변하고, 인간은 전과 동일한 태도를 고수하려 한다는 것이다. 하지만 성공을 위해서는 운명이 원하는 방법과 인간의 방법이 같아야 한다. 즉, 그의 방법이 시대와 상황에 알맞다면 성공을 거둘 것이고, 그렇지 않다면 불행으로 이어질 것이다.

그럼에도 나는 신중하기보다는 과감한 것이 더 낫다고 생각한다. 운명의 여신은 순응하는 자보다는 난폭한 자에게 복종한다. 그러므로 그녀의 위에 올라타고자 한다면 그녀를 때려눕혀야만 하는 것이다. 같은 이유로 운명의 여신은 젊은 남성을 더 사랑한다. 바로 젊은 남성이야말로 더 과감하고, 더 거칠며, 더 즉흥적이기 때문이다.

제26장

외세의 점령에서 이탈리아를 해방시키기 위한 호소

전하,

지금까지 과연 오늘날 이탈리아에 신생 군주의 명성을 드높일 만할 때가 도래했는지, 그리고 현명한 군주가 스스로에게 영광을 안겨줄 만한 업적을 이루고 민중에게 행복을 안겨줄 토대가 마련되어 있는지를 자문해보았습니다. 제가 받은 인상으로는 실로 너무나 많은 것들이 신생 군주를 위해 움직이고 있습니다. 아니, 지금보다 더 적절한 때는 없었던 것 같습니다.

앞서 말했지만 이스라엘 민족이 이집트에서 노예로 비참

한 삶을 살았기 때문에 모세의 능력이 발휘되었고, 페르시아인들이 메디아인들에게 대패했기 때문에 키루스의 위대한 기상이 세상에 드러났으며, 아테나이인들이 패배하여 뿔뿔이 흩어졌기 때문에 테세우스의 탁월함이 증명되었습니다. 최악의 상황에서 위대한 인물이 등장한 것입니다.

그런데 오늘날 우리 이탈리아는 영웅의 등장을 고대할 만큼 비참한 상황에 처해 있습니다. 유대인들보다 더 노예가 되었고, 페르시아인들보다 더 크게 패배했으며, 아테나이인들보다 더 분열되어 있습니다. 지도자도 없고 법도 없으며, 짓밟히고 약탈당하며, 파괴되고 유린당하고 있습니다.

최근 마치 신이 구원을 위해 내려주신 자라고 생각될 만큼의 위용을 보여준 한 남자[20]가 있었습니다만, 애석하게도 그는 생의 절정에서 운명에게 버림받고 말았습니다. 그래서 지금의 이탈리아는 빈사상태로 누워 상처를 치료해 줄 누군가가 기다리고 있습니다. 롬바르디아의 파멸과 토스카나와 나폴리 왕국의 수탈에 종지부를 찍고 오랫동안 곪아왔던 상처를 닦아주기만을 기다리고 있는 것입니다.

---

20) 체사레 보르지아로 추정된다.

전하,

　외국인들의 잔인함과 야만성으로부터 구해달라고 하느님께 간절히 기도하는 이탈리아인들을 보십시오. 그들은 누군가 깃발을 들어 올린다면 기꺼이 그 깃발 아래에서 행진할 것입니다. 이런 때에 영광스러운 전하의 메디치 가문 말고는 이탈리아의 운명을 내맡길 수 있는 가문은 없습니다. 전하의 가문은 훌륭한 자질과 행운이라는 축복을 받았으며, 신의 가호뿐만 아니라 전하의 가문이 수장21)으로 있는 교회의 가호까지 받고 있습니다. 그야말로 이탈리아를 구원으로 인도하기 좋은 위치에 전하의 가문이 있는 것입니다.

　앞에서 설명한 인물들의 생애와 업적들을 명심하신다면 이탈리아의 구원이라는 위대한 계획은 그다지 어려운 일이 아닙니다. 그들은 분명 특별하고 경탄할 만한 인물이었습니다. 하지만 그들 또한 인간이었습니다. 그들이 얻은 기회란 지금 전하 앞에 놓인 그것보다 형편없는 것이었습니다. 그들의 과업들이 더 큰 당위성을 가진 것도 아니었으며 더 쉽지도 않았습니다. 심지어 신의 가호도 그들보다는 전하와 더 많이 함께하고 있습니다.

---

21)　교황 클레멘스 7세를 말한다.

정의는 분명 우리 편에 서 있습니다. 전쟁은 다른 대안이 없을 때 정당해지며, 무기는 그것이 당신의 마지막 희망일 때 신성해지는 법입니다. 이보다 더 좋은 상황은 있을 수 없습니다. 모든 준비가 갖춰진 지금이라면 어려운 일도 있을 수 없습니다. 이런 때에 전하께서 하셔야 할 일은 제가 설명한 인물들을 본보기로 받아들이시는 일뿐입니다.

게다가 신은 우리에게 놀랍고 또 전례 없는 신호들을 보내주셨습니다. 바다가 갈라졌고, 구름이 전하께 길을 안내했으며, 바위가 물을 뿜어냈고, 만나22)가 하늘에서 비처럼 내렸습니다. 그 모든 것들은 전하를 위대하게 만들기 위한 전조였습니다. 나머지는 전하께 달려 있습니다. 신께서는 스스로 모든 일을 다 하길 원하지 않으십니다. 우리 인간의 자유의지와 영광을 고스란히 우리 몫으로 주시기 위해서입니다.

전하,

지금 우리는 그 어떤 이탈리아인도 이루지 못한 위업을 전하의 가문이 이루어주기를 바라고 있습니다. 그 위업은

---

22) 이스라엘 민족이 하늘의 은총으로 얻었다는 음식물이다.

수많은 혁명의 회오리와 엄청난 전쟁을 통해서도 이루어진 적 없고, 군사력만 소진했다는 인상만 풍겼습니다. 그 원인은 이탈리아의 낡고 부실한 군사제도를 개선시킬 방법을 아무도 몰랐다는 데 있었습니다. 새로운 법과 제도들을 도입하고 정비하는 일은 신생 군주에게 명성을 가져다주는 최고의 사업입니다. 훌륭한 법과 제도가 튼튼하게 뿌리를 내리면 군주는 민중의 존경과 찬사를 받게 됩니다. 그런 의미에서 지금의 이탈리아에는 재건을 위한 날것의 질료가 넘쳐나고 있습니다. 몸이 건강하고 강인하니 필요한 것은 그들을 지휘할 두뇌뿐입니다. 결투나 소규모 전투에서 이탈리아인들이 외국인들보다 얼마나 강인하고 능란하며 숙련되어 있는지를 보십시오. 그러나 군대의 차원에서 보면 그들은 비교할 수 없을 정도로 부실합니다. 바로 제대로 된 지도자를 만나지 못한 탓입니다. 그래서 유능한 자들은 무시당하고, 무능한 자들은 자신이 유능하다고 확신하고 있습니다. 또한 그들 중 어느 누구도 자신의 재능과 운명으로 타인을 복종시킬 만큼의 성공을 거둔 적이 없습니다. 그 결과 우리는 지난 20년간 완전히 이탈리아인들로만 구성된 군대로 치렀던 전쟁에서 모두 비참한 패배를 경험해야 했습니다. 타로전투가 그랬고, 알렉산드리아와 카푸아·제노바·바일라·볼로냐·메스트리에서의 전투가 그랬습니다.

그러므로 만일 전하의 영광스러운 가문이 그 훌륭한 인물들의 발자취를 따르기로 결정하셨다면 가장 먼저 이루어야 할 일, 즉 다른 모든 업적의 진정한 기초가 될 일은 전하의 신민으로 이루어진 민병대를 세우는 일입니다. 전하의 사람들보다도 더 충성스럽고 완강하며 훌륭한 병사들을 구할 수는 없습니다. 그리고 이미 한 명 한 명이 훌륭하겠지만 현명한 군주의 지휘 아래에서 대접과 존중을 받으면 그들은 전보다 훨씬 훌륭해질 것입니다. 이탈리아인의 기개로 외국의 적에 대항하고 이탈리아를 지키기 위해서는 반드시 이러한 군대를 양성해야 하는 것입니다.

예컨대 스위스와 에스파냐의 보병대는 만만찮다는 평이 있습니다. 실제로 그렇습니다. 하지만 이들은 모두 약점을 가지고 있습니다. 때문에 제3의 군대, 즉 민병제하의 보병대로 대항한다면 충분히 대적할 수 있습니다. 아니, 확실한 승리를 거둘 수 있습니다.

에스파냐 보병은 기병에 맞설 수 없으며, 스위스 보병은 자신들만큼이나 완강한 보병대를 마주할 때 어려움을 겪습니다. 이 때문에 에스파냐 보병대는 프랑스 기병대의 공격에 옴짝달싹 못 하며, 스위스 보병대는 에스파냐의 보병대 앞에서 무너집니다. 이는 지금까지도 그래왔고 앞으로도 그러할 것입니다. 물론 스위스의 약점은 아직 완전히 증명되지는 않았습니다. 하지만 에스파냐 보병대가 스위스와 똑같은 전술을 사용하는 독일 보병대를 공격했던 라벤나전투를 통해 스위스의 취약점을 어렴풋이 확인해볼 수 있습니다. 이때 에스파냐 보병대는 민첩함과 작은 원형 방패를 이용해서 무장한 독일군의 창 아래로 들어간 후 교묘히 몸을 보호한 채 독일군을 마음대로 공격했습니다. 이런 공격에 독일군은 속수무책으로 당했습니다. 만일 에스파냐 군대를 밀어내기 위한 기병대가 당도하지 않았다면 독일 보병대는 모두 몰살당했을 것입니다.

이처럼 각 군대의 약점들을 파악하고 있으면 기병대의 공격에도 끄떡없고 보병 간 전투에서도 흔들림 없는 새로운 군대를 양성할 수 있습니다. 이는 군주가 어떠한 무기들을 가지고 있는지가 아니라 어떠한 조직과 전술, 그리고 규율을 구사하느냐에 달린 문제입니다. 그리고 그것이 완성되면 신생 군주의 명성은 드높아질 것이고, 누구도 넘볼 수 없는 위신이 세워질 것입니다.

전하,

이처럼 오랜 기다림 끝에 이탈리아를 구원할 기회가 찾아왔습니다. 결코 놓쳐서는 안 되는 크나큰 기회입니다. 외국의 침략자들이 빗발칠 때 고난을 겪었던 모든 도시가 자신들을 구원해준 이에게 말로 다할 수 없는 애정과 환영을 보낼 것입니다. 여기에는 복수에 대한 갈증, 변함없는 신뢰, 헌신과 눈물이 섞여 있을 것입니다.

전하, 그 같은 군주에게 어느 문이 닫혀 있겠습니까? 누가 그 군주에게 복종하기를 거부하겠습니까? 어느 시기심이 그 군주의 앞길을 막겠습니까? 어느 이탈리아인이 그 군주에게 무릎을 꿇지 않겠습니까? 지금까지의 야만적인 폭정을 꺼리지 않을 자가 어디 있겠습니까?

프란체스코 페트라르카Francesco Petrarca
(1304~1374)

단테에 이어 출현한 이탈리아 최고의 시인이다. 16세기 프랑스 르네상스가 특히 페트라르카의 영향을 크게 받았으며 이는 페트라르카주의Pétrarquisme라고 불린다.

그러므로 전하께서는 숭고한 가문과 함께 의무를 다하셔야 합니다. 대의를 불러일으킬 기개와 희망으로 숭고한 짐을 짊어지셔야 합니다. 그렇게 된다면 우리나라가 전하의 깃발 아래에서 영광을 맞이할 것입니다. 나아가 전하의 보호 아래에서 페트라르카의 시구를 실현시킬 수 있을 것입니다.

덕은 분노에 맞서 무기를 들지니
싸움은 길지 않으리라
먼 옛날의 용맹이
이탈리아인의 가슴에 아직 살아 있노니